Compagnia Extra

59

Luigi Malerba
Storiette
e Storiette tascabili

Quodlibet

La prima edizione di *Storiette* è Einaudi 1977; di *Storiette tascabili* è Einaudi 1984; entrambe raccolte poi in *Storiette e Storiette tascabili*, Einaudi 1994, che qui si riproduce.

Compagnia Extra è a cura di Jean Talon e Ermanno Cavazzoni

© 2016 Quodlibet srl
Macerata, via Giuseppe e Bartolomeo Mozzi, 23
www.quodlibet.it

ISBN 978-88-7462-871-1

Storiette

La favola di Orestone

Orestone aveva promesso a suo figlio che avrebbe scritto per lui una favola mica tanto lunga e mica tanto corta. Insomma una pagina. Incominciò a scrivere: adesso scrivo una favola per mio figlio. Ma dopo queste prime parole non sapeva più come andare avanti perché non aveva mai scritto una favola in vita sua e nemmeno ne aveva mai raccontate. A lui avevano raccontato delle favole i nonni, sia la nonna che il nonno, mentre invece suo padre e sua madre avevano perso questa abitudine da quando erano andati ad abitare in città. In città pare che le favole non si possano raccontare e se si raccontano vengono male. Adesso Orestone non ricordava più le favole che gli avevano raccontato i nonni e tanto meno quelle che non gli avevano raccontato suo padre e sua madre, ma ormai aveva promesso a suo figlio di riempire una pagina e così andò avanti a scrivere che lui non ricordava delle vere favole, ma che in fondo stava riempiendo una pagina con qualcosa che assomigliava a una favola anche se fino a quel momento non era entrato in scena né un lupo, né una volpe, né una strega, né un principe, né un pastore come si usava nelle favole antiche. Andiamo avanti lo stesso, diceva fra sé Orestone, e intanto scriveva: andiamo avanti lo stesso. E siccome, ormai che aveva preso la spinta voleva andare avanti a tutti i costi, decise che certe favole moderne si possono raccontare come filastrocche, con delle parole messe in fila una dietro l'altra, ulì ulé quattro cavalli per un re, e così aveva scritto anche una rima, ma mancavano ancora sette o otto righe per arrivare in fondo alla pagina, stricche berlicche l'asso di picche, più qualche personaggio messo lì alla rinfusa come il lupo l'agnello il tacchino e un vecchietto zoppo che fa la polenta oppure, se non ha la farina gialla e il paiolo, può giocare a briscola con il lupo e se il lupo perde la partita si arrabbia e se lo mangia in un boccone. Ben gli sta, non doveva mettersi a giocare a carte con il lupo.

Due bestie molto strane

Pietrino aveva sentito dire che viaggiando si vedono cose nuove e strane. Aveva una gran voglia di vedere cose nuove e strane e perciò partì per un viaggio e si fermò soltanto quando arrivò in un paese lontano lontano.

Qui incominciò a guardarsi intorno nella speranza di vedere qualcosa da poter raccontare ai compagni. Già stava perdendosi di coraggio e diceva che cosa racconterò al mio ritorno? Mi dispiacerebbe avere fatto un viaggio così lungo per niente.

Finalmente un giorno mentre camminava per una strada di campagna vide una cosa che lo meravigliò molto. Veramente non era una cosa, ma un maiale. Un maiale molto strano che assomigliava in modo impressionante a un cavallo. Infatti aveva una lunga e folta coda, le orecchie dritte e corte, una bella criniera, le gambe muscolose, il pelo lucido, le froge sensibili e gli occhi vivaci del tutto simili a quelli di un cavallo. Pietrino scavalcò la siepe e si avviò nel prato dove lo strano maiale stava pascolando e cercò di avvicinarsi per poterlo osservare meglio. Il maiale se ne accorse e partì al galoppo con un nitrito, la criniera al vento, finché scomparve dietro una collina.

Pietrino riprese a camminare sulla strada e dopo un po' vide un cavallo come non aveva mai visto l'uguale in vita sua. Era un cavallo veramente molto strano perché aveva la pelle rosa coperta di un pelo rado e setoloso, la codina arricciata, il muso tondo e un sederone grasso proprio come quello di un maiale. Anche come statura assomigliava a un maiale in modo impressionante. Vicino a questo cavallo c'erano due puledri e anche loro avevano la pelle rosa, le setole, la codina arricciata, il muso tondo e il sederone proprio come dei porcelli. Pietrino cercò di avvicinarsi, ma il cavallo e i due puledri che sembravano maiali si misero a correre nel prato con dei grugniti e si allontanarono.

Pietrino era molto contento di avere visto questi strani animali e decise di ritornare al suo paese perché finalmente aveva una cosa molto nuova e molto strana da raccontare, anzi ne aveva due.

Il vecchio e il bastone

Con il passare degli anni Carlone era diventato molto vecchio e gli tremavano le gambe per la vecchiaia. Cosí andò al mercato e si comprò un bastone per aiutarsi a camminare. Ritornando a casa si accorse che aveva sbagliato la misura, aveva comprato un bastone troppo lungo. Però quel bastone gli piaceva, era leggero e robusto, di un bel legno chiaro e senza nodi, quindi pensò che era meglio farlo scorciare piuttosto che ridarlo indietro a quello che glielo aveva venduto.

Il vecchio andò da un falegname per farlo scorciare.

«Ci vuole poco», disse il falegname, «ne taglio un pezzetto.»

Il falegname mise il bastone nella morsa e prese la sega per scorciarlo in basso, dove poggiava a terra. Il vecchio lo fermò per spiegargli che in basso andava bene e che era troppo lungo soltanto dalla parte dell'impugnatura.

«Ma l'impugnatura è curva, se lo taglio qui rovino il bastone», disse il falegname.

«È qui che è troppo lungo e quindi è qui che va tagliato», insisteva il vecchio.

«Ma è la stessa cosa se lo taglio in basso», diceva il falegname.

Il vecchio si arrabbiò moltissimo e disse che apposta era andato da lui, perché tagliarlo in basso tutti erano capaci.

Fu un miracolo se il vecchio Carlone non diede una bastonata in testa a quel falegname testardo che voleva tagliare il suo bastone dalla parte sbagliata.

L'ipotenusa dell'elefante

Gasperino era il primo della classe, era bravissimo in storia, italiano, ginnastica e geografia, ma sopratutto era un campione in geometria. Sapeva calcolare la quadratura del cerchio, la superficie della linea retta, il perimetro della sfera e la radice quadrata del punto e virgola. Un giorno i genitori lo portarono al giardino zoologico e Gasperino si mise in testa che voleva calcolare l'ipotenusa dell'elefante. I genitori erano molto fieri del loro bambino e gli promisero una torta a forma di dodecaedro se ci fosse riuscito.

Gasperino si chiuse nella sua cameretta e incominciò a lavorare con la riga e con il compasso, a riempire intere pagine di numeri e di linee, ma si rese conto subito che questa volta l'impresa era difficilissima. Forza Gasperino, dicevano i genitori. Anche gli amici dei genitori venivano ogni tanto a incoraggiarlo perché se fosse riuscito a trovare l'ipotenusa dell'elefante ne avrebbero parlato tutti i giornali.

Passò un anno, ne passarono due e poi ne passarono tanti altri. Gasperino rimase chiuso nella sua stanzetta a fare calcoli su calcoli, smise di andare a scuola e dedicò tutta la sua vita a risolvere questo problema che lo avrebbe reso famoso. I genitori aspettavano sempre con fiducia, ma intanto diventarono vecchi. Gasperino diventò un ragazzo e poi un uomo, fece i primi capelli bianchi senza riuscire a trovare l'ipotenusa di quella bestia che non voleva più nemmeno nominare. Ancora oggi, con la mano che gli trema per la vecchiaia, Gasperino sta chiuso molte ore della giornata nella sua stanzetta a fare calcoli su calcoli e a chi gli domanda che cosa sta facendo risponde che sta calcolando l'elefante dell'ipotenusa.

Le lumache

Le lumache sono bestie molto sospettose, non sopportano di essere spiate dalle altre bestie, uomo compreso. Quando un uomo si avvicina, la lumaca prima ritira le corna poi si nasconde tutta dentro al guscio e aspetta che l'intruso se ne vada.

Aristodemone voleva scrivere un libro sulla vita delle lumache come Fabre ne aveva scritto uno sulla vita delle api. Per fare questo doveva studiare le lumache da vicino per molto tempo, forse per degli anni. Ma uno scienziato non si arresta di fronte alle difficoltà.

Aristodemone aveva provato a nascondersi dietro a un cespuglio e poi aveva tentato di travestirsi da cespuglio mettendosi delle frasche sulla testa e sulle spalle, ma le lumache se ne erano accorte subito. Finalmente ebbe una idea che gli parve luminosa come una stella del firmamento quando il cielo è sereno: per studiare le lumache doveva travestirsi da lumaca.

Aristodemone si fece fare un guscio di cartapesta che, in grande, era proprio uguale a quello di una lumaca. Poi si fece fare anche un muso di gomma e due corna che andavano su e giù proprio come quelle delle lumache. Riuscì anche a trovare una vernice lucida e argentata che spandeva in terra al suo passaggio e che assomigliava molto alla bava che lasciano le lumache.

Ogni mattina prima di uscire per andare nel giardino a studiare le lumache, Aristodemone doveva lavorare più di un'ora per travestirsi. A mezzogiorno ritornava a casa per mangiare e spesso, per non perdere troppo tempo, si metteva a tavola con la moglie tenendo addosso il suo guscio da lumaca. Le prime volte la moglie si divertiva a sedersi a tavola con un marito travestito da lumaca, ma quando Aristodemone decise di non levarsi più il travestimento nemmeno la sera quando andava a letto, la moglie incominciò a brontolare.

«Io non ho sposato una lumaca», diceva.

Lo scienziato scuoteva la sua testa di gomma, ritirava le corna e si metteva a russare.

A un certo punto Aristodemone pretese che la moglie gli cucinasse fritti in padella, invece della solita carne ai ferri, certi vermetti che si trovano sotto la corteccia degli alberi. La moglie gli cucinò questa frittura, ma protestò a gran voce quando Aristodemone volle per forza fargliela assaggiare. Alla fine, esasperata, infilò la porta e scappò di casa.

Aristodemone continuò a studiare le lumache travestito da lumaca. Passarono gli anni, ma il libro sulle lumache non lo scrisse più. Infatti non si è mai vista una lumaca che scrive un libro sulla vita delle lumache.

Uno scherzo ai posteri

Tante e tante centinaia di anni fa gli Egiziani ricchi e potenti non sapevano come passare il tempo, così un bel giorno decisero di fare degli scherzi ai posteri. Scolpirono nella roccia delle statue che non avevano né capo né coda, oppure avevano il capo da donna e la coda da animale. Fecero delle grandi costruzioni a punta, senza porte e senza finestre, e vi nascosero dentro dei tesori d'oro e d'argento. Trovarono anche il sistema di conservare i corpi dei morti fasciandoli in lenzuoli imbevuti di catrame. Seppellirono una quantità di cose sotto la sabbia e scolpirono su pietre levigate una quantità di piccoli disegni che sembravano una scrittura.

Gli uomini che abitarono in Egitto nei secoli successivi diventarono matti nel tentativo di decifrare i disegni a forma di scrittura e gli studiosi di tutto il mondo passarono anni e anni a picchiarsi i pugni sulla testa perché non riuscivano a capirci niente. Anche sulle piramidi fecero tante congetture, le misurarono dall'alto in basso e dal basso in alto, ne studiarono l'orientamento e la cubatura.

Finalmente, a forza di studiare, i posteri riuscirono a trovare un senso a tutto. Quelle cose che gli Egiziani avevano preparato come degli scherzi vennero interpretate come i resti di una grande civiltà.

I posteri riuscirono perfino a decifrare le figurette che gli Egiziani avevano scolpito sulla pietra e, con molto studio, vi lessero delle storie e delle favole che vennero tradotte e stampate in tutte le lingue del mondo.

La coda dell'asino

Il paese dove abitava Gigione era diviso in due parti, una di sopra e una di sotto, come due paesi separati. Quelli che volevano andare nel paese di sopra dovevano fare una salita molto faticosa e fu così che un bel giorno a Gigione venne in mente di affittare la coda del suo asino. La mattina andava a mettersi in fondo alla salita e a chi pagava cento lire gli dava in affitto la coda dell'asino per farsi tirare dal paese di sotto al paese di sopra.

Gigione fece dei buoni affari, guadagnò molte cento lire con la coda del suo asino. La bestia tirava in salita con molta pazienza dalla mattina alla sera, poi ritornava in basso e ricominciava da capo, ma non gli piaceva di lavorare con la coda. I sindacati gli diedero ragione.

Un giorno l'asino di Gigione diede un calcio nella pancia a un uomo di cento chili e lo mandò a gambe per aria. Un altro giorno fece un passo indietro e pestò il piede sinistro a un altro cliente di Gigione. Non è giusto, diceva l'asino fra sé, che la mia coda venga sfruttata per tirare fino lassù questa gente sfaticata, questi poltroni. Che cosa credono? Forse mi hanno scambiato per un mulo? Così Gigione dovette smettere di sfruttare la coda dell'asino che credeva di essere chissà chi.

Lo sputo del ragno

Se ci riesce il ragno, disse Alessandrone, ci riuscirò anch'io. Scherziamo? Il ragno è una bestia, cioè un insetto, e io sono io, cioè un uomo.

Che cosa sa fare il ragno? La ragnatela e niente altro. Come la fa? Con lo sputo. A che cosa serve la tela del ragno? Non per fare lenzuoli asciugamani federe camicie e via dicendo. La tela del ragno serve solo per acchiappare le mosche cioè per procurare al ragno, che è un insetto, un altro insetto da mangiare. Il ragno infatti mangia le mosche. L'uomo non mangia le mosche, salvo qualche volta quando gli cadono dentro il piatto della minestra.

Bisogna riconoscere che il ragno è molto abile nel fare la sua tela, cioè la ragnatela, con lo sputo. Lo sputo del ragno è un filo lungo e sottile, ma molto robusto, così che il ragno ci può stare appeso con tutto il suo corpo e calarsi nel vuoto e dondolarsi da un ramo all'altro se sta su un albero, da un muro all'altro se sta in una casa, da un cavolo all'altro se sta in un orto, di palo in frasca se sta in giro per il mondo.

Agli uomini il ragno fa schifo, sopratutto alle donne. Solo i contadini gli lasciano fare le sue ragnatele nelle stalle perché così ci vanno a finire le mosche e non danno fastidio alle vacche.

Alessandrone si arrampicò su un albero. Quello che fa il ragno lo posso fare anch'io meglio di lui. Scherziamo? Io sono un uomo, ho un nome e un cognome, cammino in piedi e con la testa alta. Ho anche il pensiero, la televisione e tante altre cose che il ragno non ha.

Alessandrone raccolse lo sputo sulla lingua, scelse un ramo robusto e vi sputò sopra. Poi si buttò di sotto aggrappandosi allo sputo come aveva visto fare al ragno. Invece cascò a terra malamente e si slogò il collo, una spalla, un ginocchio, un gomito, un polso, quattro dita della mano sinistra e due del piede destro.

Il fringuello e l'usignolo

Il fringuello andò a posarsi su un ramo, si guardò intorno e si mise a cinguettare con tutta la voce che aveva.

«Questo posto è mio! Questo posto è mio e se qualcuno si avvicina gli cavo un occhio!»

Gli altri uccelli capirono subito che il fringuello non scherzava e si tennero alla larga.

Una donna, una certa Margheritona, sentì il canto del fringuello e si affacciò alla finestra.

«Senti questo usignolo che melodia, come canta bene! Che dolcezza questo uccelletto! Gli uomini dovrebbero imparare a vivere dagli uccelletti invece di stare lì a scannarsi tutti i giorni, dovrebbero imparare a vivere a contatto con la natura, dovrebbero ascoltare il canto degli usignoli e forse diventerebbero migliori.»

Il fringuello che aveva ascoltato il discorso della donna riprese a cantare con tutta la voce che aveva.

«Questo posto è mio! Questo posto è mio e se qualcuno si avvicina non gli cavo un occhio ma glieli cavo tutti e due! E io non sono un usignolo ma un fringuello, cretina!»

Come i corvi diventarono neri

Tanti anni fa quando i treni andavano a vapore e buttavano fuori dalla locomotiva grandi sbuffi di fumo nero, i corvi erano gialli.

Due corvi, marito e moglie, che vivevano nel bosco insieme agli altri uccelli, non riuscivano a rassegnarsi alla loro voce gracchiante e morivano di invidia per gli altri uccelli che avevano voci squillanti e argentine.

Giù nella valle passava ogni giorno il treno fischiando e sbuffando. I due corvi scesero a valle, si appostarono su un palo vicino alla ferrovia e quando passò il treno lo inseguirono per acchiappare al volo il suo fischio. Per giorni e giorni i due corvi inseguirono il fischio del treno volando in mezzo agli sbuffi di fumo nero, ma ogni volta ritornavano delusi e stanchi. Diventarono neri come il carbone, ma la loro voce rimase gracchiante come prima. Eppure un giorno o l'altro riusciremo ad acchiappare quel fischio e faremo morire di invidia tutti gli uccelli del bosco, dicevano i due corvi.

Passarono gli anni, i due corvi gialli diventarono sempre più neri. Quando nacquero i piccoli erano neri anche loro e ancora oggi i corvi sono neri come il fumo che usciva dalle locomotive quando i treni andavano a vapore.

Chi dorme non piglia pesci

Giacomino era un gran dormicchione e la mattina non voleva mai alzarsi dal letto. Il padre gli ripeteva sempre il proverbio chi dorme non piglia pesci, ma senza nessun risultato. Una mattina, non si sa come, Giacomino si svegliò fra l'aurora e l'alba, cioè prestissimo, e andò nella camera del padre che ancora dormiva. Lo prese per i piedi e lo tirò giù dal letto.

«Andiamo a prendere i pesci», disse Giacomino.
Giacomone non capiva.
«Mi hai sempre detto che chi dorme non piglia pesci. Stamattina mi sono svegliato presto per andare a prendere i pesci.»
Giacomone si alzò, si vestì e accompagnò fuori il figlio. Gli fece fare un giro per la città, lo portò in una pasticceria e gli comprò due paste con la crema e due con la panna sperando che dimenticasse i pesci. Giacomino mangiò le paste e poi ricominciò da capo.

«Adesso andiamo a prendere i pesci.»
Il padre gli comprò un gelato e due meringhe. Giacomino leccò il gelato e mangiò le due meringhe, poi di nuovo ricominciò.

«Andiamo a prendere questi pesci?»
Il padre gli comprò una tavoletta di cioccolata svizzera. Giacomino mangiò anche la tavoletta di

cioccolata svizzera e poi disse ancora che voleva andare a prendere i pesci.

Giacomone non sapeva più che pesci pigliare. Andò in un negozio dove si vendevano delle caramelle così grosse e così dure che chi le metteva in bocca non riusciva più a parlare. Giacomino si mise in bocca una caramella e rimase zitto per un bel po'. Siccome erano anche molto buone, dopo la prima Giacomino ne mise in bocca una seconda e poi una terza e poi una quarta e andò avanti tutta la giornata senza più chiedere dei pesci. La notte ci dormì sopra e il giorno dopo se li era dimenticati.

Da allora Giacomone non ripeté più quel proverbio.

L'uovo infrangibile

Una gallina, padovana di razza ma nata e vissuta in una fattoria vicino a Parma, aveva un difetto: faceva le uova con il guscio troppo fragile. Il fatto è che le altre galline mangiavano i sassolini e i calcinacci, e così facevano le uova con il guscio duro, mentre lei mangiava solo chicchi di grano e di orzo e di granturco, oppure vermetti, vermetti gialli rosa neri e di tutti i colori, ma i sassolini e i calcinacci non le piacevano per niente, e poi non li digeriva. Se qualche volta mandava giù un sassolino per sbaglio, le restava sullo stomaco per una giornata intera e poi passava la notte senza chiudere occhio. E così i gusci delle sue uova erano sempre fragilissimi.

Un giorno la gallina padovana aveva sentito un commerciante che si lamentava con la padrona della fattoria perché fra le galline ce n'era una che faceva le uova con il guscio così fragile che si rompevano ogni volta durante il viaggio. La gallina era molto preoccupata perché sapeva che quando si fosse scoperto che le uova con il guscio troppo fragile erano le sue, probabilmente le avrebbero tirato il collo.

C'era un negozio di marmista vicino alla fattoria e un giorno la gallina provò ad assaggiare la polvere di marmo, che non era buona ma nemmeno cattiva e indigesta come i sassolini e il calcinaccio. Il giorno dopo fece delle uova con il guscio marmorizzato, molto belle da vedere, ma sempre troppo fragili. Un altro giorno, passando davanti al solito negozio del marmista, la gallina vide un barattolo aperto con su scritto «induritore». Speriamo che non sia velenoso, si disse la poveretta, e diede due o tre beccate a quella pastetta biancastra che serviva al marmista per incollare i marmi fra loro. Poi andò di corsa nel pollaio perché, se doveva morire, preferiva morire nel suo nido piuttosto che in mezzo alla strada. Rimase sveglia per un bel pezzo aspettando che arrivasse il mal di pancia e alla fine si addormentò, e fece tutto un sonno fino all'alba. All'alba fece l'uovo.

L'uovo della gallina padovana non si ruppe durante il viaggio e andò a finire su un banco del mercato dove lo comprò la moglie di un operaio per fare la frittata. Arrivata a casa la donna ruppe le altre uova, poi prese quello della gallina padovana e lo batté come gli altri sull'orlo di una scodella. Invece dell'uovo si ruppe la scodella. Ma guarda che fatto strano, si disse la donna. Prese l'uovo e provò a batterlo contro lo spigolo del tavolo di marmo. Si ruppe anche il marmo. Prese il martello e provò a batterlo con il martello. Niente da fare. Allora lo mise da parte perché si vergognava di dire al marito e al figlio che non era riuscita a rompere un uovo.

Il marito e il figlio mangiarono la frittata di tre uova invece che di quattro. La donna disse che le avevano venduto un uovo vecchio, forse marcio, e che apposta non l'aveva messo dentro la frittata.

La mattina dopo il figlio studente mise nella borsa qualche pomodoro marcio e l'uovo, perché nella scuola aspettavano la visita del ministro. Era un ministro che faceva tutti i suoi intrighi molto sporchi e poi si presentava agli studenti e pretendeva che lo applaudissero. Gli studenti erano tutti d'accordo di fargli l'accoglienza che si meritava.

Quando il ministro si presentò sulla porta della scuola gli arrivarono in faccia pomodori marci e uova marce. Prima che facesse in tempo a ritirarsi, il figlio dell'operaio prese la mira e gli tirò l'uovo diritto sulla fronte. Si sentì un colpo sordo come di una sassata e il ministro cascò a terra stramortito. Lo portarono via e gli fecero impacchi di acqua fresca perché gli era cresciuto un bernoccolo enorme proprio in mezzo alla fronte. Nonostante l'acqua fresca, il bernoccolo diventò così grosso che sembrava il corno di un rinoceronte.

Dopo quel giorno il ministro non si presentò più davanti agli studenti, non andò più alle inaugurazioni anche perché, nonostante gli impacchi e tutte le cure, gli era rimasto questo corno orribile in mezzo alla fronte.

Il vermetto nero nero

Un vermetto di campagna lungo lungo e nero nero decise che avrebbe fatto uno scherzo al contadino del podere dove viveva. Sapeva che i vermi fanno schifo agli uomini e aveva deciso di vendicarsi.

Durante la notte il vermetto si arrampicò a fatica su per le scale della casa e arrivò nella camera da letto del contadino. Sotto il letto c'erano le sue scarpe. Il vermetto sfilò il legaccio nero di una scarpa e si mise al suo posto infilandosi dentro ai buchi, e già si fregava le mani immaginando le smorfie di disgusto del contadino la mattina dopo quando si sarebbe accorto della cosa.

Il contadino si svegliò molto presto e, con gli occhi ancora chiusi per il sonno, si infilò le scarpe e fece un nodo doppio al vermetto nero nero che sembrava proprio un legaccio. Poi uscì di casa e andò nei campi a lavorare. Il vermetto così annodato non riuscì più a liberarsi per tutta la giornata.

La sera, quando il contadino sciolse il nodo per levarsi la scarpa, il vermetto aveva un terribile mal di schiena. Riuscì con molta fatica a uscire dai buchi, rotolò malamente giù per le scale e a fatica raggiunse il prato dove rimase disteso al sole per tre giorni di seguito prima di riuscire a camminare e cioè a strisciare per terra come fanno i vermi.

Il gatto pigro

Un gatto pigro come Baffo non si era mai visto al mondo. Non prendeva i topi perché gli faceva fatica camminare, non mangiava perché gli faceva fatica masticare, gli piaceva soltanto dormire. Nel sonno sognava di correre dietro ai topi e poi sognava di mangiarli e poi si leccava i baffi come se li avesse veramente mangiati.

Un giorno che faceva un gran caldo, Baffo andò a prendere il fresco in una cantina. Qui vide un pezzo di formaggio in una trappola per i topi, ma siccome non aveva mai visto una trappola, fece il gesto di prendere il formaggio e ci restò dentro con una zampa. Si mise a miagolare come un disperato e da tutte le parti saltarono fuori i topi e incominciarono a ridere come dei matti e a prenderlo in giro e a ballargli intorno. Ma guarda che gatto cretino, dicevano.

Già i topi baldanzosi si erano messi a rosicchiargli la coda e le zampe e a tirargli i baffi, quando comparve nella cantina Gatta Rossa, la gatta più feroce di tutto il quartiere, e fece una strage. Poi liberò la zampa di Baffo, gliela fasciò e gli regalò due topi già un po' masticati.

Baffo mangiò i due topi, poi si leccò i baffi come aveva fatto tante volte in sogno e trovò che i topi erano così buoni che da quel giorno si innamorò della Gatta Rossa. La quale fu felice di acchiappare i topi per Baffo e di regalarglieli già un po' masticati perché anche lei si era innamorata.

L'ombra a forma di cavallo

Prosperone faceva di mestiere il fantino nelle corse al galoppo. Un giorno si era rotto una gamba e lo avevano licenziato. I soldi per comprarsi un cavallo Prosperone non li aveva e quindi andava in giro a piedi e zoppicava.

Prosperone abitava in una casetta alla periferia di Roma e aveva anche un orto dove avrebbe potuto far crescere l'avena e le rape dolci per un cavallo. Insomma l'ex fantino continuava a sognare di avere un cavallo, anche perché non aveva una moglie. Così zoppo com'era, le ragazze non volevano uscire con lui e tantomeno lo avrebbero sposato. Povero Prosperone come era infelice.

Un giorno che camminava al sole, si accorse che la sua ombra aveva la forma di un cavallo. Prosperone si spaventò. Temeva di avere preso un colpo di sole in testa e di essere diventato matto. Succede spesso, e si legge anche sui giornali, che per colpa di una insolazione qualcuno diventa matto e ha le visioni oppure si leva di dosso tutti i vestiti e va in giro nudo finché arriva la polizia e lo porta all'ospedale dei matti. Il suo caso però era diverso e di spogliarsi non gli era venuto nemmeno in mente sebbene facesse molto caldo. Guardò ancora la propria ombra e vide che aveva sempre la forma di cavallo, con le sue quattro zampe, la testa lunga e il corpo affusolato. Strano fatto veramente. Provò ad accelerare il passo e l'ombra gli veniva sempre dietro, cioè gli stava sempre al fianco. E mentre lui zoppicava, l'ombra a forma di cavallo camminava perfettamente con tutte e quattro le zampe, e scalpitava.

Per un po' Prosperone fece finta di niente. Andava tutti i giorni a fare la sua passeggiata al sole, gettava ogni tanto una occhiata distratta alla sua ombra cavallina e proseguiva come se niente fosse. La gente gli passava vicino e non si accorgeva di questo strano fenomeno. Meglio così, pensava Prosperone che ormai si stava abituando alla sua ombra e incominciava ad affezionarsi a lei come a un vero cavallo di razza. Le diede anche un nome, la chiamò Sole come un cavallo che una volta gli aveva fatto vincere il primo premio alle corse delle Capannelle. Gli venne da ridere a pensare che aveva chiamato Sole proprio un'ombra.

Una mattina molto presto Prosperone andò a fare una passeggiata sui prati come al solito. L'erba era brillante per la rugiada, il sole era limpido e l'aria ancora fresca. Gli sembrò che l'ombra si chinasse a brucare l'erba e gli sembrò anche che desse qualche segno di impazienza, che accennasse ogni tanto un passo di trotto. Prosperone, nonostante la sua gamba zoppa, accennò anche lui qualche passo più svelto e vide che l'ombra si metteva subito al trotto. A un certo punto l'ex fantino non poté più resistere: saltò in groppa alla sua ombra e si mise a cavalcare sul prato, prese la direzione che lo portava lontano da Roma, lontano dalla sua casetta in periferia.

Qualcuno raccontò di aver visto passare un uomo a cavallo sulla collina, al galoppo. Prosperone non ritornò più a casa da quel giorno e nessuno di quelli che lo conoscevano lo vide mai più.

Il porco alla frontiera

Il porco di Giuseppone uscì di notte dallo stabbio e si incamminò verso la frontiera. Le cose come andavano nel porcile non gli piacevano per niente. Tanto per cominciare il padrone non gli dava mai abbastanza da mangiare. Se poi un porco diventava grasso, veniva ammazzato e trasformato in salsicce, salami, prosciutti e cotechini. Questa non è vita, diceva la povera bestia. Era proprio infelice.

Il porco di Giuseppone aveva sentito dire che tutti i più ricchi porci d'Italia andavano avanti e indietro dalla frontiera e così diventavano sempre più ricchi. Non aveva capito bene come facessero a diventare ricchi, ma pensava che andando un po' avanti e indietro sarebbe diventato ricco anche lui. Dunque arrivò alla frontiera al sorgere del sole. Rimase un po' intimidito da quegli uomini in divisa, ma si fece avanti lo stesso per passare dall'altra parte.

Niente. Le cose andarono molto male per il porco di Giuseppone. Non aveva il passaporto e senza passaporto nessun porco può passare la frontiera. La povera bestia diventò tutta rossa per la vergogna e dovette riprendere passo passo la strada del ritorno.

Mentre camminava a testa bassa, a un tratto il porco di Giuseppone si fermò in mezzo alla strada, si guardò intorno per essere sicuro che nessuno lo sentisse e poi gridò per la prima volta nella sua vita: porco mondo!

Le penne dell'arcangelo

Il prete faceva la predica in chiesa tutte le domeniche mattina e alla fine della predica tirava fuori da sotto la tonaca un mazzetto di penne e diceva ecco queste sono le penne dell'arcangelo Gabriele. Si sa che gli angeli e gli arcangeli hanno le ali e quindi devono avere per forza anche le penne. Le donnette prendevano i soldi dal borsellino e facevano un'offerta per avere una penna dell'arcangelo. La domenica dopo il prete tirava fuori un altro mazzetto di penne e diceva che gliele aveva portate durante il sonno l'arcangelo Gabriele in persona. E le donnette facevano a gara per averle e portarsele a casa perché si era sparsa la voce che le penne dell'arcangelo tenevano lontano le malattie.

Già da un po' di tempo il gallo del pollaio del prete era preoccupato per un fatto molto strano: ogni domenica mattina si svegliava con qualche penna in meno. Dopo quattro o cinque domeniche era ormai tutto spelacchiato e le galline del pollaio lo prendevano in giro e gli davano delle gran beccate per levarselo di torno.

Una domenica mattina il gallo si affacciò a una finestra della chiesa proprio mentre il prete stava dicendo che durante la notte l'arcangelo Gabriele in persona gli aveva portato un altro mazzetto di penne. Da quel momento il gallo si mise in testa di essere lui l'arcangelo Gabriele e ogni volta che il prete diceva la messa cercava di andarsi a mettere sull'altare.

Quando vide il gallo spelacchiato, la gente capì da dove venivano le penne dell'arcangelo Gabriele e il prete si vergognò come un cane.

La mucca furba

Una mucca aveva sentito dire che i fenicotteri hanno solo due gambe e che ogni tanto ne nascondono una sotto l'ala e restano per ore e ore in piedi su una gamba sola. Peccato che non ho le ali, pensò la mucca, però se riesco a stare in piedi su una gamba sola sono sicura che tutti mi scambieranno per una gru e non mi faranno più tirare il carro e l'aratro.

La mucca provò a tenere sollevata una gamba davanti e ci riuscì benissimo. Poi provò a tenere sollevata una gamba davanti e una gamba di dietro e anche questa volta riuscì a tenersi in piedi. Il padrone la guardava senza capire.

Per molti mesi la mucca tentò di tenersi in piedi su una gamba sola. Provò a reggersi su una gamba davanti e poi su una gamba di dietro, ma non ci riuscì. Fu così che, nonostante tutti gli sforzi, quella mucca sfortunata non venne scambiata con una gru e dovette continuare a tirare il carro e l'aratro.

Il ladro Esterone

Esterone era un ladro proprio sfortunato, non era riuscito a rubare nemmeno una volta senza finire in prigione. Tutti gli altri ladri lo prendevano in giro per questa ragione.

Fino allora Esterone aveva sempre rubato galline, formaggi, prosciutti, salami e altre cose da mangiare perché in fondo si accontentava di procurarsi, con il suo mestiere di ladro, tanto da vivere. Adesso però voleva riabilitarsi agli occhi dei suoi amici ladri facendo un colpo grosso, di quelli che ne parlano tutti i giornali. Così decise che sarebbe andato a rubare nella villa più ricca dei dintorni dove sapeva che c'era una grande quantità di oggetti d'oro e d'argento.

Esterone andò una prima notte a fare un giro di ispezione. Scavalcò il muro di cinta, attraversò il giardino, si avvicinò cautamente alla villa e fece un giro tutto intorno. Non c'erano cani e non c'erano nemmeno i padroni. Esterone ritornò a casa per fare i suoi piani come fanno i veri ladri. Questa volta non poteva mancare il colpo.

La notte dopo Esterone prese con sé tutti gli arnesi necessari e ritornò alla villa e lavorò fino all'alba a scardinare tutte le porte e tutte le finestre. Poi ritornò a casa e fece una bella dormita, contento di avere messo in atto senza intralci la prima parte del suo piano. Ormai era sicuro che il colpo sarebbe riuscito.

La terza notte Esterone ritornò alla villa con un grande sacco per riempirlo con tutti gli oggetti d'oro e d'argento che sarebbe riuscito a portare sulle spalle. Di entrare era sicuro dopo il lavoro che aveva fatto la notte precedente. Scavalcò il muro di cinta, attraversò il giardino e si fermò al buio davanti alla villa: adesso doveva soltanto scegliere da dove entrare. Da una porta? Da una finestra del piano terreno o da una del primo piano? Dalla portafinestra del balcone? Dal finestrino del bagno? Esterone decise che un vero ladro entra sempre dalle finestre. Scartò quelle del piano terreno, troppo facili per un ladro come lui, e decise di entrare da una finestra del primo piano che dava direttamente in uno dei saloni.

Esterone gettò il gancio di ferro con la corda e si arrampicò lestamente fino al primo piano. Mise il ginocchio sul davanzale della finestra, poi allungò la mano per aggrapparsi al telaio. Un'altra mano spuntò dal buio e strinse la sua aiutandolo a entrare. Esterone pensò che le cose gli stavano andando fin troppo bene. Quando mise i piedi sul pavimento del salone si trovò faccia a faccia con due guardie che gli misero le manette ai polsi e lo portarono ancora una volta in prigione.

Esterone pensò che doveva esserci qualcosa di sbagliato nel suo piano.

La erre

Un giorno mentre Ugone stava parlando con un amico arrivò una ventata e gli portò via la erre. Stava giusto dicendo «ti voglio vedere presto» e gli uscì dalla bocca «ti voglio vedé pesto». L'amico si offese moltissimo e andò via senza salutarlo. Un altro giorno Ugone andò dal macellaio per comprare «un chilo di carne» e disse invece «un chilo di cane». Ugone era disperato perché parlava e voleva dire una cosa e ogni volta gliene usciva un'altra. Diceva «gratto» e gli usciva «gatto», diceva «Carlo» e gli usciva «callo», diceva «bruco» e gli usciva «buco», diceva «rotto» e gli usciva «otto», diceva «corto» e gli usciva «cotto», e via così. I suoi amici incominciarono a pensare che Ugone si ubriacasse e qualcuno disse invece che era diventato matto.

Ugone andò in giro per la città a cercare la sua erre e fece mettere anche una inserzione sul giornale promettendo una lauta mancia, ma nessuno si fece vivo. Allora decise di rubare la erre da una iscrizione di marmo che diceva «Via del Corso». Rubò la erre e la scritta diventò «Via del Coso». Quelli che la leggono non capiscono e se capiscono si mettono a ridere.

La torre di cioccolata

Una banda di formiche parigine prendeva d'assalto le pasticcerie. Non portavano via i soldi dalla cassaforte come fanno certe bande di certi altri animali, ma si erano specializzate nel mangiare una marca di cioccolata con la scatola difettosa, dove si poteva entrare molto facilmente. Le formiche riconoscevano subito questa cioccolata perché portava sulla scatola il marchio della Torre Eiffel. Era una cioccolata molto dolce e buona e le formiche ne facevano grandi spanciate. Mangia tu che mangio io, quando i clienti la compravano e la portavano a casa la trovavano tutta rosicchiata. Ritornavano di corsa dal negoziante e si facevano restituire i soldi.

I fabbricanti della cioccolata non riuscivano a capire perché le formiche avessero preso di mira proprio la loro marca. Tentarono di fare la pubblicità sui giornali dicendo che se le formiche preferivano la loro cioccolata questo voleva dire che era la migliore. Ma la gente ormai non la voleva più comprare. Dicevano che cosa mi importa se è buona dal momento che è tutta rosicchiata?

In poco tempo i fabbricanti della cioccolata Eiffel dovettero chiudere bottega, cioè fecero un fallimento così sonoro che si sentì il rumore in ogni pasticceria della capitale.

Le formiche ormai erano abituate a questa marca di cioccolata e si comportavano proprio come i fumatori che quando non trovano le sigarette della marca preferita danno in smanie e sbattono la testa contro i muri.

Un giorno una formica voltò gli occhi a guardare verso il cielo perché aveva sentito un tuono. Forse piove. E che cosa vide la formica che aveva voltato gli occhi verso il cielo avendo sentito un tuono? Vide una cosa che non ci poteva credere. Si stropicciò gli occhi e poi guardò ancora.

«Quasi quasi non ci credo», disse la formica a nessuno perché non aveva vicino nessuno.

Poi si voltò ancora in su a guardare. No, non si era sbagliata. Altissima verso il cielo una immensa cioccolata a forma di Torre Eiffel, identica a quella stampata sulle scatole della ditta fallita per colpa loro. Qui c'è da mangiare per un anno, pensò. Ma no, forse per dieci o per cento anni.

La formica andò a parlare con le amiche.

«C'è una cioccolata a forma di Torre Eiffel.»

«Dove?»

«Proprio qui a Parigi.»

Nessuna ci voleva credere.

«E io ve la faccio vedere.»

La formica guidò la banda di formiche fino alla Torre Eiffel.

«Questa volta non dobbiamo litigare», disse la formica, «qui c'è da mangiare per tutte.»

Le formiche presero d'assalto la Torre Eiffel perché, da quando era fallita la ditta che faceva le cioccolate, se l'erano passata male. Cominciarono a salire, e ogni tanto provavano a morsicare questa strana cioccolata dura come il ferro. Che strano. Molte si spaccarono i denti, altre fecero indigestione di ruggine, altre si buttarono giù per la disperazione.

Il ragno e lo scorpione

Il ragno e lo scorpione litigarono a lungo. Il ragno sosteneva di essere più bello dello scorpione e lo scorpione più bello del ragno. Ho una pancia bella rotonda, diceva il ragno, e so fare la tela ricamata a forme geometriche. E lo scorpione diceva io sono piccolo ma sembro molto grande. Anch'io sembro grande, diceva il ragno e ho tante gambe leste e sottili. Io ho due tenaglie e tu nemmeno una, diceva lo scorpione, poi faccio parte dello Zodiaco e vengo stampato su tutti i calendari. Io non ho le ali ma riesco a stare sospeso nell'aria come un uccello, diceva il ragno. Io ho la coda, diceva lo scorpione.

«Se sei bello come dici tu, perché quando ti vedono scappano tutti?» disse il ragno allo scorpione.

«Anche quando vedono un ragno scappano via tutti», disse lo scorpione.

«Già», disse il ragno, «vuoi vedere che siamo brutti tutti e due?»

Lo scorpione rimase pensieroso per qualche momento e poi si mise a piangere pensando che forse il ragno aveva ragione.

Quante rondini ci vogliono per fare primavera?

C'è un proverbio che dice una rondine non fa primavera. Ma dodici rondini? E ventiquattro? Ventiquattro rondini si misero d'accordo e ai primi di febbraio partirono dall'Africa e arrivarono in una campagna vicino a Perugia. Incominciarono a volteggiare e a cinguettare intorno a un grande albero di melo che non aveva ancora messo le gemme. Tutto intorno nei campi c'erano ancora delle chiazze di neve. Le rondini battevano i denti per il freddo, ma già che avevano fatto il viaggio continuarono a recitare la loro parte volteggiando e cinguettando con tutta la voce che avevano, come se fosse primavera.

I vermetti che dormivano nascosti nella corteccia rugosa del grande melo incominciarono a svegliarsi e a mettere fuori la testa. Guarda un po' che primavera fredda quest'anno, dicevano. Ma non facevano nemmeno in tempo a guardarsi intorno che arrivava una rondine e con una beccata se li mangiava in un boccone.

Centinaia di vermetti fecero una brutta fine per colpa di quelle ventiquattro rondini che avevano messo in scena la finta primavera. Alcune larve addirittura misero le ali e diventarono farfalle, ma restarono malissimo quando si accorsero che nei prati non c'era nemmeno una primula, nemmeno una giunchiglia, nemmeno un ciclamino. Ma che razza di primavera è questa? dicevano le farfalle rabbrividendo. E cercavano di ritornare nei loro buchi, ma adesso che avevano le ali non ci stavano più dentro. Molte farfalle si presero la polmonite e andarono all'ospedale.

Le ventiquattro rondini che venivano dal caldo africano si presero la polmonite anche loro e dovettero andare tutte all'ospedale dove rimasero fino ai primi soli di maggio.

Il buco nel tetto

Mentre la tartaruga dormiva i suoi sonni invernali, cioè era in letargo, un tarlo dispettoso le fece un buco nel tetto della sua casa. In primavera la tartaruga si svegliò e andò in giro affamata a cercare foglie di lattuga e di crescione. Un giorno venne sorpresa dalla pioggia e si accorse che il tetto della sua casa faceva acqua e dovette rifugiarsi sotto un albero per non bagnarsi la schiena. Si sarebbe messa a bestemmiare, ma sapeva che le bestemmie non servono a tappare i buchi nel tetto.

Da quel giorno la tartaruga passò le giornate a dare la caccia ai tarli. Li andava a stanare anche nei pezzi di legno abbandonati, sotto i sassi, in mezzo alle foglie del bosco. Però quando pioveva continuava a bagnarsi la schiena.

Un giorno la tartaruga acchiappò un tarlo con la zampa e stava per mangiarlo, ma questo si offrì di mettersi dentro al buco e di tenerlo tappato nelle giornate di pioggia. La tartaruga gli salvò la vita e da quel giorno andò in giro con il tarlo sul tetto. Appena si metteva a piovere il tarlo si infilava dentro al buco come un tappo.

A forza di bagnarsi il tarlo si prese i reumatismi, ma durante l'inverno quando la tartaruga cadde in letargo andò a rifugiarsi nella trave del soffitto di una cucina e con il caldo guarì perfettamente.

Cristoforo Colombo va in America

Il sacco della posta aerea stava camminando su un carrello verso la pancia di un grosso aeroplano in partenza per gli Stati Uniti americani. Il sacco era pieno di lettere e su una di queste lettere, stampato su un francobollo, c'era Cristoforo Colombo con il suo cappelluccio da navigatore e il mantello sulle spalle. Di faccia a lui, stampato su un altro francobollo appiccicato su un'altra lettera, c'era un tale con il naso aquilino e una corona d'alloro in testa. Che si trattava di un poeta era chiaro.

«Guarda un po'», si lamentava Cristoforo Colombo, «adesso mi fanno fare questo viaggio in aeroplano.»

«Ma come? Non ti piace viaggiare?» domandò il Poeta.

«Mi piace, mi piace, però preferisco viaggiare sull'acqua piuttosto che nell'aria.»

«È la prima volta?»

«Ma sì, sono stato stampato pochi giorni fa su questo coso, su questo francobollo. Insomma è il primo viaggio in aeroplano.»

«Io invece viaggio volentieri in cielo. Del resto mi sono occupato molto del cielo quando stavo con i piedi sulla terra e quindi mi ci trovo a mio agio, anche se è molto diverso da come lo avevo immaginato.»

Cristoforo Colombo fece una smorfia e cercò di voltare gli occhi verso un filo di luce che veniva da una smagliatura del sacco.

«Non ho mai visto un aeroplano.»

«L'aeroplano è un uccello di ferro fatto apposta per volare.»

Cristoforo Colombo corrugò la fronte preoccupato.

«Non avrai paura per caso?» domandò il Poeta.

«Paura no, ma quasi.»

«Vedrai che quando hai provato una volta ti piacerà volare. Ai tempi miei», disse il Poeta, «volavano solo gli uccelli e gli angeli. Oggi molte cose sono cambiate e gli angeli non volano più, volano gli aeroplani.»

«Meno male che ti ho incontrato», disse Cristoforo Colombo.

«Andiamo tutti e due nella stessa città americana.»

«Come si chiama?»

«Nuova York, ma non credo che l'hai sentita nominare. Quando sei arrivato tu in America al posto di questa città c'erano dei prati.»

«Ma come fai a sapere dove vado?»

«L'ho letto sulla busta dove sei incollato.»

Cristoforo Colombo lesse l'indirizzo scritto sulla busta dove stava incollato e vide che il Poeta aveva ragione, c'era scritto il nome della città, il destinatario e anche la strada e il numero della casa.

«Devo imparare a viaggiare», disse Cristoforo Colombo, «non ci sono più abituato, sopratutto in aeroplano.»

Il sacco con la posta venne portato fin sotto il pancione dell'aereo e buttato dentro insieme ad altri sacchi postali.

«Adesso è buio totale», disse Cristoforo Colombo con la voce che gli tremava.

Si sentì un grande rumore, i quattro motori incominciarono a sibilare. Per fortuna che il Poeta, con tutto quel rumore, non poteva sentire il Grande Navigatore che si lamentava terrorizzato.

Il maiale di Sandrone

Sandrone aveva un bel maiale grasso che gli andava sempre dietro nei campi e nei boschi. Quando Sandrone potava le viti, il maiale gli girava intorno, mangiava l'erba e ogni tanto gli andava a leccare le scarpe in segno di affetto. Quando venne il giorno della Befana, Sandrone non se la sentì di ammazzare il suo maiale come aveva fatto gli altri anni con gli altri maiali. Gli dispiaceva troppo, si era affezionato e non voleva rinunciare alla sua compagnia.

Sandrone ci pensò sopra per molti giorni e poi decise che avrebbe fatto a meno dei salami e delle salsicce, ma si sarebbe accontentato di un prosciutto. E infatti tagliò una gamba di dietro del maiale e ci mise sopra il sale. Poi gli fece fare una gamba di legno dal falegname.

Il maiale continuò a seguire il suo padrone nei campi zoppicando con la sua gamba di legno. Un giorno che Sandrone gli porse una rapa, il maiale insieme alla rapa staccò con un morso un dito della mano di Sandrone e se lo mangiò. Poi andò di corsa nella legnaia, prese con i denti un bastoncello corto e sottile e lo portò a Sandrone perché lo mettesse al posto del dito che gli aveva mangiato.

Bob nel quartiere africano

Bob incominciò a correre a piazza Vescovio in direzione del quartiere africano. Attraversò di corsa strade e piazze che portavano nomi come Asmara, Libia, Giarabub, Mogadiscio, Amba Aradam, Addis Abeba, Adua, Eritrea, Somalia e via dicendo. Cioè tutti nomi che ricordavano, alla gente che avrebbe preferito dimenticare, un paese lontano dove in altri tempi gli italiani erano andati a fare una guerra per portare via quelle terre, quelle città, quei fiumi, quelle foreste alla popolazione che vi abitava.

Bob passò fra le gambe della gente, sgusciò via fra le automobili e le motociclette, continuò a correre all'ombra di palazzi e palazzoni, sull'asfalto e sul cemento dei marciapiedi, sulle strisce pedonali, passò i semafori con il rosso rischiando due o tre volte di andare sotto le ruote delle automobili. L'asfalto era bollente e i muri delle case riflettevano il calore del sole. Bob correva correva senza fermarsi come se avesse un appuntamento e temesse di arrivare in ritardo. Ma dove andrà così di corsa? si domandavano gli altri cani della zona che lo conoscevano.

Bob passò davanti a un negozio di macellaio con le carni fresche esposte in vetrina, ma non si fermò. Passò davanti a un gelataio e, sebbene fosse golosissimo di gelati, non si fermò. Non si fermò nemmeno quando vide sul marciapiede di fronte una sua amichetta che muoveva la coda per salutarlo.

Bob infilò una strada che si chiamava via Senafè, un nome che gli ricordava la senape e il caffè, due cose che non gli piacevano proprio, la percorse in tutta la sua lunghezza, arrivò in uno spiazzo di terra dove andavano e venivano le betoniere per gettare le fondamenta di un altro palazzone simile a tutti i palazzoni che sorgevano nel quartiere africano. In mezzo allo spiazzo di terra c'era un alberello polveroso, già malato per tutto il catrame e il cemento che gli avevano steso intorno e sicuramente destinato a fare una brutta fine.

Bob si avvicinò all'albero, l'unico albero di tutto il quartiere, alzò la zampa e fece pipì.

Le sardine in scatola

Un commerciante aveva comprato una partita di sardine in scatola andate a male. Che fossero andate a male, al commerciante non gliene importava niente perché tanto non le avrebbe mangiate lui. Cosi le vendette a un altro commerciante che le comprò pur sapendo che erano andate a male, ma tanto non gliene importava niente perché nemmeno lui le avrebbe mangiate.

Il primo commerciante aveva guadagnato molto con quella vendita e anche il secondo commerciante le vendette a un altro commerciante guadagnandoci un bel po' di soldi. Il terzo commerciante le vendette a un quarto commerciante e questo a un altro commerciante ancora. Intanto le sardine aumentavano sempre di prezzo perché tutti i commercianti dovevano guadagnarci. E nessuno le vendeva al pubblico perché erano tutti commercianti molto onesti che non volevano avvelenare la gente. E poi erano diventate immangiabili anche perché ormai costavano troppo care.

Dopo aver comprato la partita di sardine a un prezzo altissimo, un commerciante non riuscì più a venderle e dovette fare fallimento. Così le sardine in scatola vennero vendute all'asta a un prezzo piuttosto basso e ricominciarono a essere vendute e comprate e a passare da un commerciante all'altro, a viaggiare da una città all'altra senza che nessuno pensasse mai di mangiarle perché erano andate a male. Pare che ancora oggi quella partita di sardine stia viaggiando venduta e comprata, non per alimentare la gente ma per alimentare il commercio.

Il cane di Giuseppone

Giuseppone aveva un cane al quale non dava quasi mai da mangiare. D'inverno lo metteva dentro al letto per farselo scaldare. Quando andava a dormire lo cacciava via e lo metteva fuori dalla porta, al freddo, perché facesse la guardia.

Il cane ogni tanto acchiappava una gallina di nascosto e se la andava a mangiare dietro una siepe. Giuseppone se ne accorse e andò sulle furie. Prese le penne di una gallina e le mise dentro a un sacco, poi prese il cane e lo mise dentro al sacco anche lui. Poi prese un bastone e incominciò a bastonare il sacco e cioè il povero cane che ci stava dentro. Il cane credeva che fosse la gallina e cioè le penne di gallina che gli facevano tutto quel male sulle spalle e da ogni parte.

Giuseppone aveva pensato: se il cane muore non potrà più mangiare le galline, se invece sopravvive crederà che le galline sono bestie feroci che conviene starci alla larga. Infatti quando uscì dal sacco il cane era talmente spaventato che appena vedeva una gallina si metteva a scappare. Non faceva altro che scappare tutto il giorno perché nel podere di Giuseppone c'erano tante galline.

Le galline, quando si accorsero che il cane aveva paura di loro, si divertivano a corrergli dietro e a dargli delle beccate nel sedere e credettero di essere così feroci che si ribellarono anche a Giuseppone e gli correvano dietro e gli davano delle gran beccate nel sedere anche a lui.

La fontina e la groviera

«Voi non ci crederete», disse il Topo Esploratore, «ma Quei Tali hanno messo una grandissima fetta di formaggio fontina sul tetto di una casa. Lo sbaglio che facciamo noi topi», proseguì il Topo Esploratore, «è quello di guardare sempre all'altezza del nostro naso, e invece bisogna ogni tanto guardare anche all'altezza del naso di Quei Tali, e anche più in alto.»

Tutti i topi guardarono verso l'alto e videro sul tetto della casa la grandissima fetta di formaggio fontina. I topi si misero tutti in fila e incominciarono la scalata e cioè a salire su per le scale della casa.

Ci fu qualche incidente perché ogni tanto i topi incontravano qualcuno di Quei Tali. Incontrarono anche qualcuna di Quelle Tali, cioè le femmine di Quei Tali, che fecero degli strilli altissimi e si misero a pestare i piedi. Un topo che stava in coda alla fila ci rimise la coda che rimase schiacciata sotto il tacco di una scarpa di una di Quelle Tali. Senza coda non poteva più stare in coda e così gli altri topi gli diedero uno dei primi posti della fila.

Finalmente i topi arrivarono sul tetto della casa. Che aria fina di montagna lassù in cima. I topi incominciarono a mangiare il formaggio che però, a forza di stare all'aria aperta e al sole era diventato un po' secco.

«È duro questo formaggio», diceva uno.

«Ha sapore di legno», diceva un altro.

«Chissà perché lo hanno verniciato», diceva un altro ancora.

Però era buono lo stesso e i topi mangiarono e mangiarono il formaggio fontina fino a quando ebbero la pancia piena. Ogni topo aveva fatto il suo buco e prima di andare via ci mise un segno per evitare che la prossima volta un topo si mettesse a mangiare nel buco di un altro.

La ditta di formaggi che aveva messo la pubblicità sul tetto della casa, quando vide i buchi dovette cambiare la scritta per fare la pubblicità al formaggio groviera invece che al formaggio fontina.

L'eredità di Giovannone

Quando aprirono il testamento di Giovannone, che era stato un attore comico famoso, i tre figli vennero a sapere che aveva lasciato in eredità le smorfie, le canzonette, gli sbadigli, le risate e tutti i gesti che lo avevano reso famoso sul palcoscenico. Peppino e Pasqualino lasciarono tutta l'eredità a Robertino che voleva fare l'attore come il padre.

Robertino si presentò sui palcoscenici dei teatri con il suo repertorio di smorfie, di canzonette, di sbadigli, di risate che aveva avuto in eredità dal padre, ma il pubblico invece di applaudire gli tirò addosso una quantità di pomodori e di uova marce. Non capisco, diceva Robertino, forse sono cambiati i gusti del pubblico, forse oggi gli spettatori hanno molte più pretese che ai tempi di mio padre.

Una sera che gli arrivò un uovo marcio proprio in un occhio, Robertino si arrabbiò moltissimo e incominciò a insultare gli spettatori e a dirgli che erano dei cani ignoranti e delle galline senza cervello. A sentirsi insultati, gli spettatori incominciarono a ridere e ad applaudire e la serata si concluse con un grande successo.

Robertino prese le smorfie, le canzonette, gli sbadigli, le risate che aveva ereditato dal padre e li mise in un testamento che avrebbe lasciato ai suoi figli nel caso che un giorno si fosse deciso a prendere moglie e avesse avuto dei figli e questi figli volessero fare gli attori e al pubblico piacessero di nuovo le smorfie, le canzonette, gli sbadigli e le risate.

Il pelo del maiale

Fra i maiali della fattoria ce n'era uno che gli sarebbe piaciuto tanto avere una bella pelliccia folta e lucida come quella dei cani e dei gatti, e si vergognava moltissimo di avere soltanto poche e ispide setole. Quando vedeva un cane o un gatto diventava tutto rosso per la vergogna e correva a nascondersi. Gli altri maiali non si vergognavano delle loro setole e nessuno li prendeva in giro, ma quando i cani e i gatti si accorsero del maiale che desiderava avere una pelliccia come la loro, incominciarono a corrergli dietro e a ridere di lui. Perfino le galline gli facevano gli sberleffi. Il povero maiale non sapeva più come fare e avrebbe voluto che anche i suoi compagni si vergognassero, ma quelli invece andavano in giro tranquilli con le loro setole ispide e rade.

Il nostro maiale andò dal decano del porcile a esporgli il suo problema. Il vecchio gli spiegò che i cani, i gatti e le galline lo prendevano in giro proprio perché lui si vergognava. Il maiale rispose che le cose stavano in tutt'altro modo, e cioè che lui si vergognava proprio perché lo prendevano in giro.

«Guarda i tuoi compagni», disse il decano, «anche loro hanno la pelle coperta di poche setole come te e nessuno li sbeffeggia. Perché? Perché non si vergognano.»

Il maiale provò a girare in mezzo ai cani, ai gatti e alle galline tenendo la testa alta e sbattendo ogni tanto le orecchie per darsi delle arie. Quando questi gli andavano intorno per fargli i soliti sberleffi, lui si voltava e gli rideva in faccia. Quando le galline gli si avvicinavano e gli davano delle beccate per farlo arrabbiare, lui si metteva a ridere e diceva che gli facevano il solletico.

Dopo un po' i cani, i gatti e le galline lo lasciarono in pace. Non si divertivano più da quando lui rideva invece di arrabbiarsi.

La formica e l'altro mondo

La formica entrò per sbaglio in un altro mondo. Ma guarda un po', diceva, il sole e la luna che si accendono insieme, poi si spengono e il mondo diventa tutto buio, nemmeno una stella. Poi succede che il mondo diventa tutto chiaro, ma il sole è spento e la luna è spenta. Quando il mondo ridiventa buio ecco che il sole e la luna si accendono di nuovo. Può succedere che il sole e la luna si accendono e si spengono molte volte in breve tempo. Può succedere anche che il sole si accende e la luna resta spenta, oppure che la luna si accende e resta spento il sole. Che confusione.

In quello strano mondo dove la formica era capitata per caso, c'erano dei buchi quadrati o rettangolari dai quali veniva una gran luce che illuminava tutto il mondo, quadrato o rettangolare anche lui come i buchi dai quali veniva la luce.

La povera formica non capiva più niente, non sapeva più quando era ora di andare a letto e quando era ora di svegliarsi. Se vado avanti così finirò per prendermi un esaurimento nervoso, diceva. L'unico vantaggio di questo strano mondo era lo zucchero in abbondanza, il formaggio in abbondanza e una quantità di altre cose buonissime da mangiare. La formica si consolava di tutta questa confusione mangiando dalla mattina alla sera. O dalla sera alla mattina? Non ci capiva più niente. No, questo mondo non era fatto per lei.

Mentre il sole e la luna erano spenti, la formica passò attraverso un grande buco rettangolare e si trovò nel mondo di prima dove c'era poco da mangiare, ma almeno si sapeva quando era mattina e quando era sera.

Guerra

Lo sanno tutti che ci sono parole lunghe, corte, alte, basse, magre, grasse, buone e cattive. Ci sono anche delle parole velenose. Certe parole hanno le ruote, e corrono come i carri sulle strade carraie o come il treno sulle rotaie. Le parole con le ruote sono quelle con la erre, lo sanno tutti. Ci sono anche delle parolacce che vanno in giro di notte per le strade poco illuminate e molti quando le incontrano fanno finta di non conoscerle.

Una notte un gruppetto di parole molto cattive e ambiziose si incontrarono al buio fra due pagine di un giornale per fare un complotto. Decisero di aiutarsi l'una con l'altra per apparire molto in vista sulle prime pagine dei giornali e preparare così la strada a una parola che preferiva per il momento restare nell'ombra, ma che presto avrebbe fatto il suo ingresso trionfale sulle prime pagine a caratteri cubitali. Nessuna delle parole presenti pronunciò quella parola che per il momento voleva restare nell'ombra.

Fra le parole che si incontrarono quella notte c'erano le «parate militari», il «cannone», gli «armamenti», i «missili», la «distruzione», eccetera ecceterone.

A forza di spinte e di gomitate queste parole incominciarono ad affacciarsi sulle prime pagine dei giornali una alla volta e anche due o tre insieme a braccetto o una sopra l'altra. E tutte cercavano di conquistare il posto più in vista e il carattere più grande. Ma sapevano benissimo che tutta la loro fatica sarebbe stata inutile se non riuscivano a portare in prima pagina quella parola che era la più ambiziosa di tutte e la più malvagia.

Nonostante il buio e la grande segretezza, il complotto venne a conoscenza di alcune parole tranquille e bonaccione, abituate a dormire nelle biblioteche o a fare qualche apparizione anche sui giornali, ma a piccoli caratteri e nelle ultime pagine. Si accorsero che i lettori del giornale credevano alle parole del complotto e quando apparivano sulle prime pagine se ne riempivano la bocca e le ripetevano in giro.

Le parole tranquille e bonaccione fecero anche loro un complotto e chiamarono altre parole che assomigliavano a quelle cattive e incominciarono a imbrogliare i tipografi sostituendole a quelle cattive. Così invece di parate militari i lettori trovarono scritto «patate militari», invece di cannone trovarono scritto «cappone», invece di armamenti «armenti», invece di missili «messali», invece di distruzione «distrazione», eccetera ecceterone.

Insomma riuscirono a fare una gran confusione e i lettori incominciarono a ridere. La parola che muoveva i fili nell'ombra non riuscì più a fare il suo ingresso trionfale in prima pagina come sperava, anzi rimase ad ammuffire in cantina dove la raggiunsero presto tutte le sue complici ad ammuffire anche loro.

Il futuro

Paolino aveva sentito parlare del futuro. Che cosa è il futuro? Una cosa che deve ancora venire. E quando viene? Viene viene, basta aspettarlo. Ma come faccio a riconoscerlo? Questo è più difficile perché quando arriva non è più futuro ma è presente. Se sto molto attento e lo sento mentre sta per arrivare, quello è il futuro? Se lo senti mentre sta arrivando allora sì, quello è il futuro.

Paolino prese una seggiola e si mise ad aspettare, ma era molto disturbato da quelli che gli stavano intorno, i genitori, i parenti e gli amici dei genitori e dei parenti. Allora prese la seggiola e la portò in soffitta. Qui c'era molto silenzio. Gli sembrò a un certo punto di sentire dei passi leggeri, doveva essere il futuro che si stava avvicinando. Si voltò e vide un topolino. Per caso sei il futuro? Il topolino si mise a ridere.

«Io sono un topolino, non vedi che sono un topolino?»

I genitori dovettero portargli da mangiare nella soffitta perché Paolino non voleva più scendere se prima non aveva visto arrivare il futuro.

Dopo tanti anni Paolino è ancora lì che aspetta. Adesso è grande, non è più un bambino, sono passati tanti anni e ha una barba molto folta e molto lunga. Non ha fatto niente di buono e niente di cattivo nella sua vita. L'ha consumata quasi tutta ad aspettare il futuro.

La voce

L'usignolo e il fringuello ridevano dietro alla cornacchia per via della sua voce.
«Con una voce così è meglio che non ti ci provi nemmeno a cantare. Lascia perdere, lascia stare», dicevano, «cantiamo noi che abbiamo una bella voce. Tu è meglio che taci.»
La cornacchia invece voleva cantare.
«La voce non conta», diceva, «io ho sentito un giorno un grande cantante che aveva la voce proprio come la mia e tutti gli uomini intorno gli battevano le mani. Era un grande cantante, peccato che non mi ricordo il nome.»
L'usignolo e il fringuello ridevano a crepapelle.
«Perché non ci dici il nome di questo grande cantante?»
Svolazzavano intorno alla cornacchia cinguettando con la voce sottile. Facevano gorgheggi e acuti per farla arrabbiare.
Di notte, quando era sicura che non la vedevano, la cornacchia qualche volta piangeva. Il giorno dopo si andava a mettere sui davanzali delle finestre e ascoltava la radio dalle case. Aveva imparato a memoria dei pezzetti di Rossini, Bellini e Puccini e li ripeteva con la sua voce da cornacchia all'usignolo e al fringuello. E questi giù a ridere.

«Che roba è questa? Sarà bella musica», dicevano l'usignolo e il fringuello, «ma tu la guasti con la tua voce. Perché vuoi riempire l'aria con questo rumore? Lascia perdere, lascia stare, smettila di cantare.»

«L'aria è di tutti», diceva la cornacchia.

Intanto passava da una finestra all'altra. Da una casa sentì venire voci grosse, robuste e anche un po' roche. Musiche ritmate da accompagnare con il piede, cioè con la zampa. Invece di dormire, la cornacchia stava a sentire le musiche sul davanzale fino a tardi, dopo il tramonto del sole. La mattina avrebbe dormito volentieri, ma l'usignolo e il fringuello andavano a svegliarla con i loro gorgheggi.

«Il vostro modo di cantare non è più di moda», disse una mattina la cornacchia ai due uccelletti. «Io vado a sentire la radio e i dischi tutte le sere, e vi giuro che il vostro modo di cantare non vale niente.

Sul discorso della moda l'usignolo e il fringuello ci restarono male. Veramente anche loro avevano sentito dire che certi uomini cantavano con la voce roca. Una rondine che aveva molto viaggiato diceva la stessa cosa.

Un giorno la cornacchia arrivò dai due con la faccia che ridacchiava.

«Venite un po' a sentire», disse, «venite con me che vi faccio sentire una cosa.»

L'usignolo e il fringuello non volevano andare, ma alla fine la seguirono. La cornacchia li portò sul cornicione di una casa e poi sul davanzale di una finestra.

Porca miseria. Un uomo stava ascoltando un disco che girava sul grammofono e la voce del cantante era roca ancora più di quella della cornacchia.

«Sentite?»

I due uccelletti si guardarono in faccia, poi si misero a sghignazzare, cioè a ridere, cioè a pigolare.

«Ma chi è quel tale?»

«È un cantante famoso in tutto il mondo», disse la cornacchia.

«Ma va'!» e continuavano a ridere sia il fringuello che l'usignolo.

«C'è poco da ridere», disse finalmente la cornacchia che si era ricordato il nome, «quello è Louis Armstrong!»

Il cane Bobby

Bobby si metteva dietro la porta a vetri della cucina e guardava i padroni mentre mangiavano. Bobby aveva fame e freddo, ma sopratutto molta fame perché i padroni alla fine del pasto gli davano qualche crosta di formaggio, qualche ossetto di pollo e niente altro. Così Bobby per riempirsi la pancia doveva andare a caccia di topi campagnoli come se fosse un gatto, oppure acchiappava al volo qualche mosca. Ci voleva ben altro per la sua pancia.

Dietro la porta a vetri della cucina Bobby aveva imparato a fare molte smorfie per impietosire i padroni, che invece non si impietosivano mai. Si leccava i baffi, piegava la testa da una parte e dall'altra, socchiudeva gli occhi, piangeva, sbadigliava, alzava la zampa destra, alzava la zampa sinistra, sbatteva le orecchie, muoveva la coda in dieci modi diversi, aveva imparato anche a fare un sorriso triste che avrebbe commosso perfino i cani. Ma i suoi padroni non si commuovevano, lasciavano la porta chiusa e alla fine del pasto gli davano i soliti avanzi.

Un giorno passò vicino alla casa il carrozzone di un circo e Bobby si avvicinò per chiedere da mangiare e fece tutta la sua mimica per commuovere i saltimbanchi che stavano dentro al carrozzone. Questi non soltanto gli buttarono da mangiare dal finestrino, ma si fermarono e lo fecero salire con loro. Bobby, che non era per niente affezionato ai suoi padroni, si aggregò volentieri ai saltimbanchi e da quel giorno recitò nel circo. Gli spettatori andavano in visibilio per quel cane che recitava così bene, si commuovevano, si divertivano, e Bobby diventò un cane famoso.

Un giorno il tendone del circo andò distrutto per un incendio e Bobby venne venduto a una compagnia di teatro. Sul palcoscenico Bobby entrava in scena nelle commedie di Pirandello, di Goldoni e perfino di Shakespeare. Gli spettatori andavano in delirio per lui e gli attori finirono per ingelosirsi e lo cacciarono via.

Bobby mise su una sua compagnia di teatro insieme ad altri cani che aveva trovato per la strada e recitò le sue scenette sulle piazze delle città e dei paesi, e la gente alla fine degli spettacoli gli dava da mangiare in abbondanza, salsicce di maiale, bistecche crude, polli arrostiti, lardo affumicato.

Un giorno Bobby fece un numero anche alla televisione e lo videro venti milioni di spettatori. I suoi ex padroni cattivi lo riconobbero, andarono a cercarlo, ma quando lo trovarono Bobby e i suoi compagni gli mostrarono i denti. I padroni cattivi dovettero ritornare a casa con la coda fra le gambe.

La lucertola e il gattino

Quando Luigione compì gli anni arrivò Carlone con una lucertola dentro una gabbietta. Carlone era il migliore amico di Luigione e gli aveva portato questa lucertola come regalo. Era una lucertola bellissima di una razza speciale e Carlone gli raccomandò di trattarla con tutte le cure e di tenerla in casa. Luigione disse che l'avrebbe trattata come una figlia. Quando la moglie di Luigione compì gli anni, Carlone arrivò con un altro regalo, un gattino di pelo striato, e anche questa volta gli raccomandò di tenerlo con cura.

Le raccomandazioni erano inutili perché Luigione e la moglie non avevano figli e amavano molto gli animali. Tennero in casa ed ebbero ogni cura sia della lucertola che del gattino che intanto incominciarono a crescere, a crescere. Luigione e la moglie erano molto contenti.

«Guarda come crescono», diceva Luigione.

La moglie era felice vedendo la lucertola che era diventata la più grossa lucertola che avesse mai visto. Anche il gatto stava diventando il gatto più grosso che avessero mai visto.

Un giorno la lucertola si avvicinò alla moglie di Luigione che camminava scalza e le mangiò il dito di un piede. La poveretta si mise a piangere per il dolore e andò all'ospedale a farsi medicare.

Un altro giorno il gatto, che era diventato un gattone lungo quasi un metro, mentre giocava con Luigione gli diede per gioco un morso all'orecchio e gliene staccò un bel pezzo.

«Ma guarda un po' questi animali», dicevano Luigione e la moglie, «noi li alleviamo con tutte le cure come dei figli e loro cercano di mangiarci.»

Un giorno arrivò in casa un amico e scappò via spaventato. Luigione e la moglie lo rincorsero e gli domandarono perché avesse tanta paura di una lucertola e di un gatto. L'amico li guardò sbalordito.

«Ma quello è un coccodrillo», disse, «e quella è una tigre!»

Luigione e la moglie comprarono due gabbie e portarono il coccodrillo e la tigre al giardino zoologico. Da quel giorno la loro amicizia con Carlone che gli aveva regalato i due animali non fu più quella di prima.

La carota e la cipolla

La carota era molto invidiosa della cipolla e diceva per me non piange mai nessuno. Mi tagliano a pezzetti e a fettine, mi pelano, mi friggono, mi grattugiano, me ne fanno di tutti i colori e mai uno che pianga per me. Avete mai visto qualcuno piangere per una carota? Non che le cipolle abbiano un destino migliore della carota, anche loro vengono affettate, bollite, arrostite, fritte e soffritte, mangiate anche crude nell'insalata, ma almeno tutti piangono per loro. Non c'è cuoco o cuoca che non gli vengano gli occhi lucidi mentre si mette a tagliare una cipolla. Che cosa avrà mai la cipolla per essere così compassionata?

La carota era furiosa contro la cipolla, ma non le disse niente perché sapeva che era destinata a incontrarla molto spesso nei tegamini, nelle pentole del brodo e in cento altri posti. Anche nell'orto dovevano stare vicine.

La carota non parlò mai del suo problema con la cipolla, ma continuò a essere molto dispiaciuta, cioè molto invidiosa, e diventò quasi rossa per la rabbia.

I sogni del cameriere

Sandrone faceva il cameriere in un ristorante vicino a piazza Garibaldi. C'è sempre una piazza Garibaldi in tutte le città e ce n'era una anche nella città dove abitava Sandrone. Nelle ore di lavoro non faceva altro che correre avanti e indietro dai tavoli alla cucina e dalla cucina ai tavoli, stava ad ascoltare le lamentele dei clienti, quelle del cuoco, quelle del padrone.

La sera era stanco e nervoso, si metteva a letto e sognava per tutta la notte. Purtroppo, invece di fare dei sogni allegri e riposanti, sognava di essere ancora nel ristorante e doveva ascoltare per tutta la notte le lamentele dei clienti, quelle del cuoco, quelle del padrone. Di notte qualche volta Sandrone aveva il coraggio di ribellarsi, di insultare i clienti, il cuoco e anche il padrone.

Sandrone si alzava la mattina più stanco della sera quando ritornava a casa dopo una giornata di lavoro. Possibile, diceva, che non riesca a fare dei sogni un po' diversi? Lavoro di giorno e poi lavoro anche di notte. Spiegò la cosa al padrone e disse che avrebbe meritato una paga doppia perché lavorava anche di notte. Il padrone gli rise in faccia e gli disse che in fondo poteva essere contento di ritrovarsi anche nel sogno insieme ai clienti, al cuoco e sopratutto a un padrone come lui.

«Mica tanto», disse Sandrone.

Il padrone si arrabbiò e gli disse un mucchio di male parole. Sandrone sognò di nuovo il padrone e questa volta lo prese a pugni e gliene diede tanti che lo mandò all'ospedale. Senonché aveva fatto una confusione: credeva di trovarsi nel sogno e invece si trovava nella realtà, così il padrone si prese veramente un sacco di botte e andò veramente all'ospedale.

La cimice

C'era una cimice che andava in giro con il naso tappato perché non sopportava la propria puzza. Si sa che le cimici puzzano per natura, ma quella poveretta non poteva proprio rassegnarsi, si vergognava di puzzare e non andava mai fuori da sola perché sperava che così tutti avrebbero attribuito la puzza alle sue compagne. Ma queste, quando si accorsero della cosa, si offesero moltissimo e non vollero più saperne della sua compagnia. Così la cimice si trovò sola e abbandonata.

La povera cimice provò a lavarsi con acqua e sapone, ma la puzza non andava via perché era una puzza naturale. Provò a profumarsi, ma la puzza era sempre più forte di tutti i profumi. Allora andò da una puzzola e si fece prestare un po' della sua puzza. E tutti dicevano che strano una cimice che puzza come una puzzola. Anche le sue amiche che l'avevano abbandonata dicevano che strano.

Che strano che strano, ma intanto la cimice se ne andava a spasso felice e contenta senza più vergognarsi e senza tapparsi il naso.

I tredici fratelli

C'erano una volta un re e una regina che avevano dodici figli tutti maschi. Il re disse alla moglie, cioè alla regina, che se il tredicesimo figlio che stava per nascere fosse stato una femmina, i dodici maschi, chissà perché, dovevano morire. Certe volte i re hanno delle strane idee, ma ormai aveva deciso così e quello che i re decidono nelle favole non si discute.

Il re fece preparare dodici piccole bare e le fece portare in una stanza chiusa a tutti. Poi diede la chiave alla regina, cioè alla moglie, e le ordinò di non dire niente a nessuno.

Beniamino, il più piccolo dei dodici figli, stava intorno alla madre che era sempre così triste.

«Perché sei così triste?» domandava.

«Non posso dirtelo.»

Ma quello insisteva tanto che alla fine la madre lo portò nella stanza e gli fece vedere le dodici bare.

«Queste bare le ha ordinate tuo padre per te e i tuoi fratelli. Se nascerà una femmina voi siete destinati a morire per ordine di vostro padre.»

Beniamino corse a parlare con i fratelli e insieme decisero di scappare e di nascondersi nel bosco. Ma prima di scappare si misero d'accordo con la madre che uno di loro sarebbe stato di guardia sull'albero più alto: se fosse nato un maschio la madre avrebbe issato sulla torre del castello una bandiera bianca. Se invece fosse nata una femmina avrebbe issato una bandiera rossa e questo significava che i dodici fratellini dovevano scappare al più presto e il più lontano possibile.

I figli andarono nel bosco. A turno facevano la guardia dalla quercia più alta e osservavano la torre del castello. Dopo undici giorni toccò a Beniamino. A un tratto vide aprirsi il finestrino della torre. Qualcuno stava per esporre la bandiera e infatti venne esposta: per fortuna era bianca e annunciava che era nato un altro fratellino maschio e che quindi potevano ritornare a casa. La favola era finita questa volta in anticipo, evitando a quei poveri dodici fratelli un sacco di guai.

Storia del mondo dalle origini ai nostri giorni

Andate tutti lontano che il mondo incomincia a scoppiare. Tutti si trovarono un posticino ben riparato e il mondo fu sconvolto da una grande esplosione dove si formarono le stelle come il sole e i pianeti come la terra.

Da principio l'uomo viveva nell'acqua, aveva le pinne e la coda come un merluzzo, era amico dei pesci. Poi uscì dall'acqua e si mise a strisciare sulla terra come un serpente. Poi imparò a stare in piedi e il serpente invidioso gli fece mangiare la mela e lo fece cacciare dal Paradiso Terrestre. L'uomo si offese e diventò suo nemico. Fece amicizia con la scimmia e da lei imparò tante cose come arrampicarsi sugli alberi, mangiare le noci e mettersi le dita nel naso.

L'uomo, con il passare dei secoli imparò a leggere e a scrivere e ad andare in bicicletta. Scrisse molti libri di storia vera e di storia inventata, ma tutti volevano essere la storia del mondo dalle origini ai nostri giorni, cioè dalle origini alla fine. Dopo la bicicletta e i libri vennero l'automobile e l'aeroplano e la bomba. Il mondo diventò insopportabile e l'uomo si preparò a ridiventare un merluzzo. Tutti incominciarono a cercarsi un posticino ben riparato in vista della prossima esplosione.

Storiette tascabili

L'ordine del mondo

Marione aveva deciso che così non poteva più andare avanti e che bisognava mettere in ordine il mondo. Si guardava attorno e doveva chiudere gli occhi perché non sopportava che tutte le cose fossero così confuse e mescolate l'una con l'altra. Una mattina comprò due grossi quaderni e incominciò a separare i numeri pari dai numeri dispari. Segnò i primi su un quaderno e i secondi sull'altro e quando arrivò a mille milioni si fermò per dedicarsi a separare le cose quadrate da quelle tonde.

Durante la notte sognò di spostare il Colosseo, Castel Sant'Angelo e il Pantheon insieme alle cupole delle chiese di Roma, la Colonna Antonina e la Colonna Traiana, la fontana dell'Esedra e la piazza con lo stesso nome, il Palazzetto dello Sport e piazza del Popolo, per separarli da tutti i palazzi quadrati e rettangolari della capitale.

La mattina dopo andò al lavoro come al solito. Marione faceva il commesso in un supermercato e lavorò fino all'una a mettere un po' d'ordine, come diceva lui. Così mise tutti i recipienti quadrati da una parte e quelli tondi dall'altra. Le scatole di biscotti andarono a finire su uno scaffale insieme a quelle dei detersivi e le scatole di conserve insieme agli insetticidi. Il padrone del supermercato si arrabbiò moltissimo e minacciò di licenziarlo. Così Marione dovette lavorare anche la sera dopo l'orario di chiusura per rimettere le cose in disordine come stavano prima.

Marione cercava di spiegare agli amici che voleva mettere in ordine il mondo, ma nessuno voleva capirlo e sopratutto nessuno lo aiutava. Siccome non era tipo da perdersi d'animo, decise che avrebbe fatto tutto da solo. Così un bel giorno incominciò a separare il bianco dal nero. Ma anche questa volta si trovò in un mare di difficoltà. Come avrebbe potuto separare la schiuma bianca delle onde marine dalle rocce nere della costa? Marione camminava in una strada affollata con la testa tutta piena di questo pensiero, quando vide una signora che indossava una camicetta bianca e portava al braccio una borsetta nera. Marione prese la rincorsa e strappò la borsetta dal braccio di quella signora. Finì al commissariato e dovette fare una bella fatica a spiegare che non era uno scippatore.

Dopo questa brutta esperienza Marione si rimise al lavoro di tavolino. Prese un vocabolario e un paio di forbici e incominciò a separare le parole piane da quelle sdrucciole, quelle tronche da quelle bisdrucciole, poi i sostantivi dagli aggettivi, i verbi dagli avverbi, le vocali dalle consonanti e infine, per fare il lavoro completo, decise di mettere ogni lettera dell'alfabeto insieme alle sue compagne, tutte le «a» insieme alle «a» e tutte le «z» insieme alle «z». Naturalmente le maiuscole da una parte e le minuscole dall'altra. Lavorò con le forbici per molte notti di seguito finché ebbe riempito tanti sacchetti quante sono le lettere dell'alfabeto.

Le notti di Marione si popolarono di sogni fantastici. Sognava di separare l'ossigeno dall'idrogeno, l'inchiostro dalla carta stampata, la sabbia dal cemento, il ferro dal legno, le cicale dalle formiche, l'acqua dalla terra, il cacio dai maccheroni, il caldo dal freddo, la luna dal chiaro di luna e tante altre cose.

Una mattina, dopo una notte agitata, Marione si alzò deciso a separare gli uomini dalle donne. Andava per la strada e quando vedeva un uomo insieme a una donna si metteva in mezzo e cercava di separarli. Ma nessuno voleva saperne di accettare il nuovo ordine di Marione e qualcuno addirittura lo prese a schiaffi.

Marione era sempre più depresso a vedere tutto il disordine che c'era in giro per il mondo. Quando la moglie gli disse che se ne sarebbe andata di casa se insisteva a voler separare gli uomini dalle donne, Marione mise il cuore in pace e si convinse che un po' di disordine alla fine si può anche sopportare.

Il passato remoto

Cesarino aveva una gran paura del passato remoto. Quando sentiva qualcuno che diceva «andai» oppure «caddi» o anche semplicemente «dissi», si tappava le orecchie e chiudeva gli occhi. Il passato remoto secondo lui poteva andare bene sì e no quando si parlava di Nabucodonosor, di Alessandro Magno o di Federico Barbarossa, ma se lo sentiva in bocca ai suoi compagni li vedeva già morti e imbalsamati. Per piacere non dire «arrivai», li pregava a metà del discorso, ma nessuno gli dava retta. Il passato remoto creava fra lui e i suoi amici, fra lui e il mondo, delle lontananze che lo spaventavano come il buio della notte o la pioggia nella giungla. È vero che i genitori di Cesarino non lo lasciavano andare in giro di notte da solo e non si era mai avventurato nella giungla sotto la pioggia, ma la sua immaginazione gli richiamava alla mente queste paurose analogie. Se almeno i suoi amici avessero accettato di mettere davanti al passato remoto un «forse», già sarebbe stato più contento. Ma non era mai riuscito a convincerli. Eppure era sicuro che si può vivere benissimo anche senza il passato remoto.

A scuola aveva tentato in tutti i modi di rifiutarlo, ogni volta che ne trovava uno nei libri di testo lo sostituiva con un passato prossimo o un imperfetto:

al ginnasio aveva corretto Leopardi e Manzoni e al liceo Dante e Petrarca facendo ammattire i professori.

Quando finalmente Cesarino, finita l'università, aveva incominciato a lavorare come ingegnere idraulico, il passato remoto era ormai scomparso definitivamente dalla sua vita. Non lo usava mai né a voce né per scritto dimostrando che aveva ragione lui, che si può vivere benissimo senza il passato remoto, che si può ugualmente avere successo nella professione, che senza passato remoto si possono avere anche dei figli e vivere felici e contenti.

Il Piccoletto

Attraverso le pareti imbottite arrivavano rumori borbottamenti lamenti, anche qualche risata. Le pareti attutivano i rumori, le acque li riverberavano e creavano giocondi effetti di eco nei quali affioravano vocali, sillabe, sibili, consonanti semplici e doppie, dittonghi, ingorghi, gorgheggi e altri suoni. Il Piccoletto stava lì rannicchiato al caldo, sonnecchiava dalla mattina alla sera senza preoccupazioni, senza problemi. Non si sentiva preparato a uscire nel mondo e anzi aveva deciso che sarebbe rimasto nel suo rifugio il più a lungo possibile.

Le notizie che venivano da fuori non erano mica tanto buone: freddo nelle case perché mancava il gasolio, molte ore al buio perché mancava l'elettricità, camminare a piedi perché mancava la benzina. Poi mancava la carne, la carta, la canapa, il carbone; mancava la lana, il latte, il lavoro, la legna; mancava il pane, la pace, la panna, la pasta; mancava il sale, il sapone, il sonno, il salame. Insomma mancava quasi tutto e anche un po' di più. Il Piccoletto non aveva nessuna voglia di uscire e di trovarsi in un mondo dove c'era abbondanza soltanto di frane e di fame, di speculazioni e di strafalcioni, di tasse e di tosse, di truffe e di zuffe, di censura e di impostura, di burocrazia e di malinconia, di lavoro nero e di morti bianche, di brigate rosse e di trame nere.

Chi me lo fa fare di entrare in un mondo così? si diceva il Piccoletto. Io non mi muovo, sto qui rannicchiato, faccio qualche nuotata, mi rivoltolo ogni tanto e poi mi rimetto a sonnecchiare. Fintanto che non cambiano le cose io da qui non mi muovo, diceva fra sé, ma non sapeva che non era lui a decidere.

Un giorno mentre stava dormicchiando come al solito, sentì un gran gorgogliare, strani movimenti e scricchiolii, poi un motore che sibilava, una sirena che fischiava, una voce che si lamentava. Che cosa stava succedendo? Il Piccoletto si rannicchiò nel suo rifugio, cercò di aggrapparsi alle pareti perché si sentiva scivolare via e non aveva nessuna voglia di andare in un posto sul quale aveva sentito tante brutte voci. Cercava di stare fermo e invece si muoveva, scivolava. Improvvisamente si sentì acchiappare per i piedi da una mano robusta che tirava, tirava. A un certo punto non capì più niente, si trovò in una luce abbagliante e dovette chiudere gli occhi. Muoveva i bracci come per nuotare, ma intorno c'era il vuoto, l'aria, il niente, solo due mani che lo tenevano stretto per i piedi a testa in giù.

Ma che cosa vogliono da me? si domandava il Piccoletto. Guarda che maleducati a tenermi appeso come un pollastro! A un tratto gli arrivarono due sculacciate sul sedere nudo. Ma che cosa ho fatto di male? Perché ce l'avete con me? Si mise a strillare con tutta la voce che aveva nella pancia. Voleva protestare chiarire contestare criticare, ma dalla sua bocca uscirono soltanto due vocali e due punti esclamativi. Intorno a lui sentì le voci di gente che sembrava contenta, chissà perché. Lui no, non era contento per nientissimo affatto.

Le parole sporche

Ottorino aveva il vizio di dire le parolacce. Le diceva a tavola mentre mangiava, per la strada, a scuola, la mattina, il pomeriggio, la sera, quando pioveva, quando c'era il sole, al mare, in montagna e una volta gli scappò una parolaccia anche in chiesa mentre il prete diceva la messa. Quando imparava una parolaccia nuova Ottorino la segnava su un quadernetto per non dimenticarla. Faccio la collezione, diceva alla madre. Gli altri bambini facevano la collezione delle figurine o dei francobolli e lui faceva la collezione delle parolacce.

Ottorino era un bambino molto buono e gentile e studioso. Studiava geometria e aritmetica, storia e geografia. Ma ogni tanto fra un segmento e un angolo retto infilava una parolaccia. Oppure ne metteva una fra Cavour e Napoleone, o nel bel mezzo della Pianura Padana o sulla cima del Monte Bianco che, come si sa, è il monte più bianco d'Europa. I maestri della scuola mandarono a chiamare la madre e le dissero che così non poteva andare avanti. Un giorno Ottorino disse una parolaccia proprio alla fine della poesia di Natale.

La mamma di Ottorino non ne poteva più. Sei uno sporcaccione, gli diceva, ma il bambino incominciò a dire le parolacce anche di notte durante il sonno. La mamma di Ottorino pensava che le parole si formano in bocca e siccome nella bocca di Ottorino si formavano tante parole sporche, decise di lavarla. Gli lavò la bocca con il sapone da bucato. Gli riempì tutta la bocca con la schiuma, gliela ripulì e risciacquò a fondo, e Ottorino piangeva e piangendo ingoiò anche un po' di sapone. Alla fine però la bocca era pulitissima.

Da quel giorno Ottorino non disse più parole sporche, ma non disse più nemmeno quelle pulite, non diceva più niente, non parlava più.

«Parla, Ottorino, dimmi qualcosa», lo supplicava la madre disperata.

Ma il bambino taceva, continuava a tacere sia di giorno che di notte.

La povera donna era molto pentita di avergli lavato la bocca con il sapone e provò a dargli delle caramelle, dei gelati, dei dolci. Non servirono a niente. Provò a raccontargli delle favole per farlo divertire, ma Ottorino si divertiva e continuava a tacere.

Una sera prima di andare a letto la madre di Ottorino prese il quaderno delle parolacce e incominciò a leggerlo. Per molte sere di seguito gli lesse le parolacce del quaderno e andava avanti fino a quando Ottorino si addormentava.

Finalmente una sera, mentre gli occhi gli si chiudevano per il sonno, il bambino aprì la bocca e disse «merda». La madre pianse per la gioia e il giorno dopo chiamò tutti gli amici e parenti per festeggiare Ottorino che si era rimesso a parlare.

Il superporcomaggiore

Il cane a sei zampe che compare nelle insegne di una famosa marca di benzina aveva acceso molte fantasie nella testa di Agrippone. Si era messo in mente una idea e non riusciva più a liberarsene. Di notte si rimescolava nel letto senza riuscire a dormire. Di giorno aveva rischiato due o tre volte di andare nel fosso con il camioncino che gli serviva per raccogliere gli avanzi della lavorazione del formaggio nei caseifici della zona. Perché Agrippone faceva l'allevatore di maiali. Aveva incominciato con dieci maiali e adesso si era messo in grande e ne ingrassava fino a duecento. Salvo l'anno della peste, che aveva fatto una strage, era riuscito a fare dei buoni affari e si era costruita anche una casa nuova vicino all'allevamento con un bel balcone dal quale vedeva i capannoni dei maiali e i prati dove li faceva uscire al pascolo.

Lavoravano per Agrippone anche alcune donnette che andavano a raccogliere le ghiande e le castagne porcine. Con le ghiande e le castagne i maiali crescono più sani e la carne diventa più saporita e infatti i commercianti preferivano i maiali di Agrippone a quelli degli allevamenti dove venivano ingrassati con i mangimi chimici. La moglie intanto si lamentava perché la casa era troppo vicina ai capannoni e si sentiva un odore terribilissimo che le rivoltava lo stomaco. Ma ad Agrippone l'odore dei maiali non dava noia, anzi gli piaceva. Quando la moglie chiudeva le finestre lui le riapriva. E così incominciarono a litigare.

Da quando gli era venuta in mente quella certa idea, Agrippone quasi non rivolgeva più la parola a nessuno, stava in silenzio tutto il giorno correndo dietro ai suoi pensieri. La sua idea era molto semplice: ottenere a forza di incroci un maiale a sei zampe come il cane della benzina. Da ogni maiale avrebbe ricavato sei prosciutti invece di quattro, con un vantaggio facile da calcolare. In natura, pensava Agrippone, ci sono animali come i ragni che hanno otto zampe. Ci sono anche i millepiedi che ne hanno mille. Poi ci sono le galline che di zampe ne hanno solo due e i serpenti che non ne hanno nemmeno una. Insomma la natura è varia, non ha delle regole fisse e siccome in fondo molte bestie sono nate da incroci fra di loro, nessuno poteva impedirgli di studiare un incrocio per ottenere un maiale a sei zampe. Aveva pensato anche il nome da dare alla nuova razza. Ispirandosi alla marca della benzina che gli aveva fatto venire l'idea, l'avrebbe chiamata la razza del «Superporcomaggiore». Già vedeva l'insegna luminosa con un porco a sei zampe che avrebbe messo sopra l'ingresso dei capannoni per attirare l'attenzione di tutti. Sarebbero venuti anche dall'estero a comprare i maiali della nuova razza e in poco tempo sarebbe diventato ricchissimo e famoso.

Se guardiamo gli alberi, pensava Agrippone, vediamo che si possono fare innesti e incroci di ogni genere. Sui meli selvatici si innestano dei meli che fanno frutti grandi come zucche, sui pruni si innestano susini e albicocchi, per non parlare dei fiori che si possono incrociare in mille modi ottenendo forme e colori bellissimi. Se si fanno gli incroci con le rose, pensava Agrippone, perché non si potrebbero fare con i maiali? L'ideale sarebbe di fare un incrocio tra il maiale e il millepiedi e ottenere mille prosciutti per ogni maiale.

Agrippone già immaginava nella sua mente infiammata dall'entusiasmo un maiale lungo come un treno, con mille prosciutti, cinquecento da una parte e cinquecento dall'altra. Queste idee gli venivano sopratutto di notte e allora si alzava e andava a prendere il fresco sul balcone. Durante il giorno Agrippone era più ragionevole e si accontentava di immaginare dei maiali a sei zampe come il cane della benzina.

Agrippone incominciò a raccogliere centinaia di millepiedi e li mise dentro a certe gabbiette di rete sottile. Poi diede la caccia alle mosche per nutrirli. E intanto trascurava i maiali, si dimenticava di portargli da mangiare e quelli strillavano dalla mattina alla sera. La moglie dovette occuparsi lei dei maiali e, a forza di starci in mezzo, quando tornava a casa non sentiva più quell'odore terribile che prima non le dava pace. Agrippone passava la sua giornata a dare la caccia alle mosche e ad altri insetti da portare ai millepiedi perché voleva che diventassero grandi grandi, tanto da potersi un giorno accoppiare con i suoi maiali.

Lo sternuto in curva

Qualche centinaio di metri oltre il viadotto sulla Valle Fredda, la strada asfaltata costeggiava una parete di roccia in una lunga curva. Questa curva era stata battezzata dagli automobilisti la Curva della Morte per il gran numero di incidenti che vi succedevano. È vero che di «curve della morte» ce ne sono un po' dappertutte le parti in Italia e altrove, ma questa era la più famosa e pericolosa ed era stata studiata, senza risultato, anche dai tecnici del Ministero dell'Automobile.

Il poliziotto stradale Pelliccione si era messo in testa di scoprire perché succedevano tanti incidenti proprio su questo tratto di strada assegnato alla sua sorveglianza. Perché guidano troppo veloce, diceva un collega. Perché gli automobilisti sono distratti, diceva un altro. Perché sono ubriachi, perché non tengono stretto il volante, perché guidano leggendo il giornale, perché si accendono la sigaretta, perché si sbucciano un'arancia mentre guidano, perché fumano la pipa, perché mangiano le noci, perché baciano la fidanzata.

Pelliccione andava a mettersi tutti i giorni sulla curva per studiarla da vicino, ma in realtà si trattava di una curva del tutto normale né troppo larga né troppo stretta, l'asfalto non era né troppo liscio né troppo ruvido, la visibilità era anche quella normale ed era normale anche la roccia contro la quale andavano ogni tanto a schiantarsi le macchine.

Pelliccione aveva notato però che quasi tutti gli incidenti succedevano agli automobilisti provenienti dal viadotto che attraversava la Valle Fredda e non a quelli che venivano dalla direzione opposta. La Valle Fredda era chiamata così perché era percorsa da ventate gelide anche d'estate, ma Pelliccione non pensava certo di collegare questo fenomeno atmosferico con gli incidenti stradali.

Un giorno che stava lì sulla curva con gli occhi aguzzi a osservare i veicoli che passavano, Pelliccione sentì dall'interno di una vecchia automobile color giallo-uovo un potente sternuto, poi vide la macchina che sbandava rasentando la roccia. Per fortuna l'uomo che stava alla guida era riuscito a rimettersi in carreggiata e a evitare il disastro. Il poliziotto, che era molto acuto di mente, non diede la colpa al color giallo-uovo della macchina, ma da quel momento, invece di aguzzare gli occhi, decise di aguzzare le orecchie e si accorse che almeno la metà degli automobilisti che provenivano dal viadotto, quando arrivavano alla curva facevano uno sternuto e qualche volta anche due. E a ogni sternuto le macchine facevano delle pericolose sbandate. Pelliccione collegò le correnti di aria fredda del viadotto con gli sternuti e gli sternuti con le sbandate e le sbandate con gli incidenti. Uno sternuto su un rettifilo difficilmente provoca un incidente, ma lo sternuto in curva, pensò Pelliccione, è pericolosissimo.

Il poliziotto fece molta fatica, ma finalmente riuscì a convincere il suo comandante che lo sternuto in curva era il vero responsabile di quasi tutti gli incidenti che succedevano su quel tratto di strada. Bisognava dunque preparare subito un cartello da sistemare prima della curva per mettere in guardia gli automobilisti. Il comandante propose di scrivere «Proibito sternutire in curva», ma Pelliccione timidamente fece osservare che questa proibizione poteva apparire come una limitazione alle libertà democratiche. Per quanto lo sternuto in curva si fosse rivelato micidiale, conveniva semplicemente sconsigliarlo invece di proibirlo per non fare brutta figura con i turisti di passaggio e sopratutto con il Ministero dell'Automobile che avrebbe dovuto approvarlo. Così venne stilato un nuovo testo che diceva «Si sconsiglia di sternutire in curva». Ma chi si sconsiglia? Tutti? Anche i passeggeri che non stanno al volante? Bisogna essere più precisi, disse Pelliccione. Il comandante propose dunque un testo più preciso che diceva «Si sconsigliano gli automobilisti di sternutire mentre guidano in curva». Adesso però il testo era troppo lungo. Dopo molte discussioni il testo definitivo inviato al Ministero dell'Automobile per l'approvazione diceva semplicemente «Non sternutite in curva!» con il punto esclamativo e il disegnino di un uomo che abbandona il volante mentre sternutisce.

Il testo del cartellone accompagnato da una relazione firmata dal poliziotto stradale Pelliccione ottenne l'effetto di una bomba al Ministero dell'Automobile. Il ministro fece fare subito una inchiesta a largo raggio dalla quale risultò che molti incidenti che altrimenti sarebbero rimasti senza spiegazione, probabilmente si potevano inquadrare nella nuova

teoria dello sternuto in curva. Il poliziotto Pelliccione ottenne un'alta promozione e venne chiamato
al Ministero dell'Automobile per dirigere la Delega-
zione di tutte le curve d'Italia.

Cinque mosche

Erano cinque mosche. La prima mosca era contenta di essere la prima, beata lei.

«Io invece sono contraria alle gerarchie», diceva la seconda, «perché guastano i rapporti. Basta guardare quello che succede tra gli uomini e tra le formiche.» Però si accontentava di essere la seconda.

La terza era un po' meno contenta di essere la terza.

«Perché dobbiamo metterci in fila», diceva, «perché dobbiamo darci un ordine per forza? Siamo tutte prime e nessuna è seconda e nessuna è terza.»

La prima mosca non era d'accordo e anche la seconda manifestò qualche dubbio.

«Stabilito un ordine si deve rispettare. Guardate gli uomini e le formiche», diceva la prima, «gerarchie su gerarchie.»

«Bell'esempio!» esclamarono la seconda, la terza, la quarta e la quinta.

La quarta disse che voleva essere prima almeno per un giorno, ma la prima disse che non le avrebbe ceduto il posto perché era sicura che non glielo avrebbe più restituito.

La quinta disse che si sarebbe accontentata di prendere il posto della seconda per due giorni, ma la seconda non voleva accettare di fare la quinta nemmeno per un minuto.

Le cinque mosche incominciarono a litigare e a strapparsi le antenne e le proboscidi.

«Anche gli uomini litigano e si strappano le proboscidi», disse la quinta alla prima che non voleva sciogliere il gruppo per mantenere il suo posto.

Alla fine della lite le cinque mosche si ritrovarono tutte malconce e ognuna se ne andò per conto suo e ognuna ebbe così la soddisfazione di essere la prima. In poco tempo però tutte e cinque diventarono magre magre per la malinconia.

L'ombra di Fanfandrotti

Fanfandrotti era l'uomo più ricco di tutta la città. Era diventato ricco con la spazzatura, e infatti lo chiamavano il Re della Spazzatura. Lo chiamavano anche il Re dell'Intrallazzo, che è un'altra merce simile alla spazzatura che rende molti soldi sonanti e lampanti. Fanfandrotti era riuscito ad avere dal Comune della sua città molti miliardi per tenere pulite le strade e le piazze, ma se li metteva nelle tasche quasi tutti e così la sua città era sporchissima, a eccezione del Corso dove abitava lui e dove usciva tutti i giorni a fare la sua passeggiata a piedi.

Nessuno osava lamentarsi per la sporcizia delle strade e delle piazze perché si diceva che Fanfandrotti avesse delle potenti protezioni a Roma. Chissà chi lo protegge, diceva la gente, ma certamente dei personaggi molto grossi se riesce a intascare tutti questi miliardi senza fare niente. Fanfandrotti sapeva di avere molti nemici e quando andava a passeggio due gorilla armati gli camminavano davanti e altri due gorilla armati gli camminavano di dietro per proteggerlo.

C'era un disoccupato che sperava di venire assunto come scopino dalla impresa di Fanfandrotti, ma lo avevano rifiutato perché non voleva iscriversi al suo partito. In casa di questo disoccupato si mangiava pochissimo, sempre meno di giorno in giorno, e la sua rabbia cresceva insieme alla fame. Così un giorno decise che avrebbe affrontato Fanfandrotti mentre passeggiava nel Corso e gli avrebbe dato uno schiaffo, ma tutti lo sconsigliarono perché sicuramente i due gorilla che gli camminavano davanti lo avrebbero ammazzato. Allora il disoccupato decise che si sarebbe avvicinato da dietro a Fanfandrotti e gli avrebbe dato un calcio nel sedere, ma ancora una volta tutti lo sconsigliarono perché in questo caso lo avrebbero ammazzato i due gorilla che gli camminavano di dietro.

Un giorno che Fanfandrotti passeggiava per il Corso con i suoi due gorilla davanti e i due gorilla di dietro, arrivò Filippetto, il figlio del disoccupato. Filippetto era un ragazzetto magro magro e sempre arrabbiatissimo anche lui come il padre per via della fame. Senza dare nell'occhio il ragazzetto si avvicinò all'ombra di Fanfandrotti e incominciò a prenderla a calci e a calpestarla con tutti e due i piedi. La gente intorno rideva, Fanfandrotti si vergognava e i gorilla non sapevano che cosa fare, non potevano sparare a un ragazzetto perché calpestava l'ombra del loro padrone.

Filippetto si fece coraggio, si avvicinò alla testa dell'ombra, cioè all'ombra della testa di Fanfandrotti e ci sputò sopra. La gente era sempre più contenta e il ragazzetto continuava a calpestarla e a sputarci sopra. Fanfandrotti provò a fare qualche mossa e qualche passo svelto per evitare i calci e gli sputi del ragazzetto, ma la gente rideva ancora di più. Finalmente raggiunse il portone di casa sua e vi entrò di corsa.

Da quel giorno Fanfandrotti tentò qualche altra volta di uscire sul Corso per fare la sua passeggiata, ma Filippetto era sempre lì pronto a calpestare la sua ombra e a sputarci sopra e la gente a ridere.

Fanfandrotti dovette rassegnarsi a rimanere chiuso in casa durante le belle giornate di sole e a uscire soltanto quando il cielo era coperto di nuvole o nelle giornate di pioggia.

La guida di Roma

La guida spiegava ai turisti svizzeri venuti a visitare Roma che il piano stradale della città nei tempi antichi era di circa quattro metri più basso di quello dove oggi camminano gli uomini e passano le automobili. I turisti svizzeri non volevano crederci e domandavano come mai la terra invece di consumarsi a forza di passarci sopra, fosse cresciuta di quattro metri. La guida spiegò che il livello del terreno era aumentato perché nel corso dei secoli erano caduti a terra i calcinacci delle case, gli sputi della gente, le cicche delle sigarette, le cartacce, le bottiglie rotte, le bucce delle arance, i noccioli di ciliegia, i biglietti degli autobus, le scatole di fiammiferi, le cacche dei cani e dei gatti.

I turisti svizzeri non volevano crederci, erano scandalizzati e dicevano tutti insieme che questo in Svizzera non sarebbe mai successo perché loro non gettavano mai niente in terra e insomma loro sapevano come si tengono pulite le città.

«Noi romani saremo dei gran sporcaccioni», disse la guida che era romana e si era offesa, «ma siamo stati capaci di fare Roma. E voi?»

La penna d'oca

Lo chiamavano Risolone perché faceva ridere. Raccontava una barzelletta e tutti ridevano. Raccontava che la moglie lo aveva tradito e tutti ridevano. Anche quando raccontò che gli era bruciata la casa i suoi amici risero a crepapelle. Risolone era contento di far ridere e tutti gli dicevano perché non fai l'attore comico, faresti ridere tutto il mondo.

Risolone si decise a fare l'attore, salì sul palcoscenico a raccontare le sue storielle e si aspettava che tutti avrebbero riso e applaudito. Invece nessuno rideva e alla fine il pubblico protestava e fischiava. Risolone si era impegnato con tutte le sue energie per far ridere, ma si prese fischi e pomodori in faccia, così dovette smettere di fare l'attore. Che cosa era successo? Quando parlava a vanvera fra gli amici ridevano tutti e adesso che si era impegnato per far ridere, nessuno rideva più.

Risolone si accorse che non poteva più fare a meno delle risate di chi lo ascoltava e ritornò fra gli amici a raccontare le stesse storielle di prima. Adesso gli amici non ridevano più. Risolone era disperato. Che cosa fosse successo non lo sapeva nemmeno lui. Sapeva soltanto che da quando aveva deciso di far ridere nessuno rideva più.

Risolone diventò triste e nervoso. Ma come, si diceva, io sono sempre quello di prima, parlo parlo e nessuno ride. Perché? Quando andava al caffè un tempo tutti gli correvano intorno per ascoltarlo mentre adesso lo lasciavano solo e qualcuno si sedeva li vicino voltandogli addirittura le spalle.

Risolone prese una lunga penna d'oca e quando incontrava qualche amico al caffè o anche per la strada gli faceva il solletico sul naso e quello rideva. Il solletico li faceva ridere, ma dopo che avevano riso si arrabbiavano e gli dicevano vattene via e non ci fare più il solletico.

Risolone si offese con tutti gli amici e non volle più vederli. Tentò di fare il solletico a degli sconosciuti, ma un turista tedesco un giorno gli diede uno schiaffo. Da quel giorno Risolone gettò via la penna d'oca e rimase molto solo, si chiuse in casa e fece tante risate: era diventato matto.

Risolone era un matto del tutto speciale, non voleva che la gente ridesse alle sue mattate. Mentre da savio gli piaceva far ridere tutti, da quando era diventato matto andava in giro con un randello sotto la giacchetta e se qualcuno rideva in sua presenza gli dava una randellata in testa.

Consumare il panorama

Il cielo era limpido e l'aria pulita, ma dai cannocchiali del Gianicolo il panorama di Roma appariva sfocato e confuso. Le prime proteste arrivarono da certi turisti svizzeri i quali si lamentavano perché avevano sprecato le loro monete da cento lire per degli apparecchi che funzionavano male. Il Comune mandò un esperto e fece sostituire le lenti che forse si erano appannate a forza di stare lassù all'aperto. Ma le proteste continuarono ad arrivare per scritto e arrivarono anche molte telefonate.

Il Comune allora mandò un altro esperto a provare i cannocchiali. Venne fuori una novità piuttosto singolare: il panorama dal Gianicolo appariva sfocato non soltanto attraverso i cannocchiali ma anche a occhio nudo. A questo punto il Comune disse che il problema non era più di sua competenza, ma i turisti continuavano a lamentarsi con lui, a scrivere e a telefonare. Dopo avere osservato a lungo la distesa dei tetti dai quali affioravano le cupole delle chiese romane e il bianco monumento di piazza Venezia, molti correvano dall'oculista e qualcuno incominciò a portare gli occhiali.

Venne chiamata una professoressa di panoramologia dall'università di Minneapolis, Minnesota. La professoressa si affacciò al muretto del Gianicolo in ore diverse, all'aurora, all'alba, a mezzogiorno, al tramonto e anche di notte. Alla fine scrisse una lunga relazione sulla distribuzione dell'idrogeno nella fotosfera, sui fenomeni di rifrazione, sulla anidride carbonica che inquinava l'atmosfera e infine sugli effluvi di piante esotiche dal sottostante Orto Botanico, ma non propose nessun rimedio.

Un usciere del Comune che abitava dalle parti del Gianicolo ed era venuto a conoscenza del problema, scrisse una lettera al sindaco per esporre una sua teoria. Secondo lui il panorama di Roma, a forza di essere guardato dai turisti, poco alla volta si stava consumando e se non si prendevano dei provvedimenti alla fine si sarebbe consumato del tutto. In una nota in fondo alla lettera l'usciere aggiungeva che lo stesso fenomeno si stava verificando anche con *Il Cenacolo* di Leonardo e con altri capolavori della pittura. In una seconda nota sottolineava, come conferma della sua tesi, il fatto che il panorama peggiorava visibilmente durante la primavera e l'estate in coincidenza con il grande afflusso di turisti mentre d'inverno, quando i turisti erano pochissimi, non si notavano peggioramenti anzi sembrava quasi che il panorama si ricostituisse lentamente nella sua nitidezza tradizionale.

Altri esperti panoramologi scattarono fotografie dal Gianicolo settimana per settimana e anche queste parvero confermare la tesi dell'usciere. La verità, per quanto strana, appariva ormai chiara e lampante: gli sguardi dei turisti stavano consumando il panorama di Roma, una lebbra sottile corrodeva lentamente l'immagine della cosiddetta Città Eterna.

L'ufficio stampa del Comune commissionò degli articoli dove si tentava, per scoraggiare i turisti, di mettere in ridicolo il panorama in generale, il concetto stesso di panorama. Alcuni di questi uscirono con dei titoli come *Alla larga dal panorama* o *La banalità del panorama*. Altri, più polemici, erano intitolati *Sputare sul panorama*, *Finiamola con questo panorama*, *Non si vive di solo panorama*. Un famoso semiologo scrisse un lungo saggio intitolato *Panorama, catastrofe di un messaggio*. Alcuni giornalisti si abbandonarono a maliziose quanto gratuite supposizioni fantasticando sulla maggiore corrosività dei turisti giapponesi, o di quelli americani o tedeschi, a seconda degli estri o antipatie loro e dei giornali sui quali gli articoli venivano pubblicati. Da ciò nacquero alcune polemiche che fecero un certo rumore e non giovarono certamente allo scopo che gli articoli si erano proposto. Infatti tutta questa pubblicità, per quanto negativa, finì per aumentare il numero dei turisti che affollavano il Gianicolo.

Il Comune di Roma, su consiglio di un esperto fatto venire dalla Cina, fece piantare alla chetichella sotto il muro del Gianicolo una bella fila di giovani cipressi in modo che entro qualche anno il panorama sarebbe rimasto completamente chiuso dietro una fitta barriera sempreverde.

Il giorno e la notte

Tontolone aveva sentito dire che la gente quando si svegliava apriva le finestre per fare entrare il giorno. Tontolone si svegliava spesso di notte, apriva le finestre, ma invece del giorno entrava il buio nero.

«Chissà come fanno gli altri a fare entrare il giorno dalla finestra», diceva Tontolone, e si picchiava i pugni sulla testa per cercare di capire il mistero.

Un giorno si confidò con un amico fidato il quale gli disse che se voleva far entrare il giorno dalla finestra, doveva aprirla la mattina quando si era levato il sole.

«Bella forza!» esclamò Tontolone.

Lo zio all'inferno

Certi bambini si vergognano dei loro parenti perché li trovano brutti, sporchi, noiosi, cattivi. Quando i parenti muoiono i bambini se li dimenticano e non si vergognano più. Tonino invece si vergognò dello zio Aristogitone solo dopo che era morto.

Aristogitone era un tipo stravagante e divertente, al posto della cravatta portava un fazzoletto nero, fumava due sigarette alla volta, mangiava i calendari con i santi, era capace di bere un bicchiere di vino rosso tirandolo su con il naso. La zia si lamentava perché spesso non tornava a casa a dormire e qualche volta scompariva per una settimana e non c'era modo di sapere dove fosse stato.

Tonino aveva sentito dire che lo zio era un anarchico, ma credeva che questa parola volesse dire un tipo strano e un po' buffo come appunto era lo zio. Quando Aristogitone morì e raccontarono che in punto di morte non aveva voluto farsi avvicinare dal prete, Tonino incominciò a preoccuparsi. Così senza i sacramenti, diceva la zia che era donna di chiesa, si era portato dietro tutti i suoi peccati e siccome erano tanti, sicuramente era finito dritto dritto all'inferno.

Tonino si informò dell'inferno e le notizie che riuscì a raccogliere erano tutte molto brutte. L'inferno, dicevano, è un posto dove la gente viene messa a cuocere nelle fiamme. Altri raccontavano che i dannati venivano messi a gelare dentro al ghiaccio. Altri ancora dicevano che i dannati stavano immersi nella merda fino al collo. Questo lago pieno di merda fece molta impressione a Tonino che incominciò a vergognarsi di avere uno zio all'inferno perché, da tutto quello che aveva sentito dire, per forza doveva essere andato a finire in quel posto orribile.

Avere uno zio all'inferno era una cosa a cui Tonino non sapeva adattarsi in nessun modo. Se qualcuno nominava lo zio morto, e questo succedeva abbastanza spesso, Tonino diventava tutto rosso in faccia per la vergogna e poi andava a nascondersi nella sua cameretta e piangeva. E quando camminava per la strada aveva l'impressione che tutti lo guardassero come si guarda uno zoppo, un gobbo o chi ha un difetto fisico molto vergognoso. Tonino avrebbe preferito essere zoppo piuttosto che avere uno zio all'inferno. Ma che cosa poteva fare? Dal purgatorio si può uscire, con molta fatica e molte preghiere, ma dall'inferno pare che sia quasi impossibile scappare.

Tonino allora decise che da grande, invece di fare lo spazzino come volevano i suoi genitori, sarebbe diventato anarchico anche lui come lo zio Aristogitone e avrebbe fatto tante cose buffe e pazze per andare all'inferno a tentare di tirarlo fuori dalla merda. Se proprio non ci fosse riuscito, sarebbe rimasto lì con lui a fumare due sigarette alla volta e a mangiare i calendari con i santi. Il vino rosso con il naso invece non avrebbe potuto berlo perché laggiù pare che i dannati devono tenere sempre il naso tappato per non sentire i cattivi odori.

Fischi e sassi

Come prima cosa il nuovo sindaco aveva deciso di allargare la piazza del paese per festeggiare la sua elezione. Una ruspa con lo stemma del Comune era arrivata sulla piazza all'alba e aveva incominciato a distruggere una fila di piccole case dove avevano le loro botteghe il fornaio, il calzolaio, lo stagnaio, la merciaia e il tappista che faceva i tappi su misura per ogni tipo di buco. C'era anche una bottega dove si vendevano i gusci di lumaca per i turisti. I bottegai avevano tentato di opporsi, ma il ruspista del Comune aveva concesso sì e no il tempo per mettere in salvo le mercanzie e poi aveva spianato tutto.

Il sindaco aveva costretto i bottegai a trasferirsi in fondo al paese in una stradina nascosta dove non passava mai nessuno. Sulla piazza, al posto delle botteghe, il fratello del sindaco aveva costruito un palazzo lungo lungo e più alto del campanile della chiesa. Il sindaco faceva finta di non andare d'accordo con questo fratello e un giorno gli aveva perfino dato uno schiaffo in pubblico, ma tutti sapevano che erano due gran speculoni e che di nascosto facevano gli affari a metà.

Tutte le sere alle otto i bottegai tiravano giù le saracinesche e si lamentavano perché da quando il sindaco li aveva trasferiti non era entrato più nessuno nelle loro botteghe. Anche quelli che prima non andavano d'accordo erano diventati amici e insieme mandavano le loro maledizioni al sindaco e non smettevano più fino all'ora di cena. Questo serviva come sfogo, ma gli affari andavano male lo stesso.

Un giorno il sindaco andò dal medico del paese a lamentarsi di un male strano: tutte le sere dalle otto alle nove gli fischiavano le orecchie, un fischio forte come la sirena dei pompieri che lo disturbava gravemente, lo innervosiva e gli procurava anche degli atroci mal di testa.

«Sarà la pressione troppo bassa», aveva detto il medico e gli aveva ordinato uno sciroppo.

Dopo una settimana il sindaco ritornò dal medico e disse che il fischio continuava, sempre alla solita ora.

«Sarà la pressione troppo alta», disse il medico e gli ordinò altre medicine.

Il sindaco prese molte pillole, fece delle iniezioni, dei suffumigi e dei massaggi, ma le orecchie continuavano a fischiare dalle otto alle nove.

Quando i bottegai lo vennero a sapere, capirono subito che quel fischio era l'effetto delle loro maledizioni. Provarono a parlare male del sindaco anche a mezzogiorno, e il sindaco sentì fischiare le orecchie anche a mezzogiorno. Se si riunivano in dieci il fischio era molto forte, se si riunivano in due o tre il fischio era più debole. Questo lo vennero a sapere dal medico che era loro amico.

Adesso i bottegai avevano capito che potevano dare fastidio al sindaco come e quando volevano. Così si riunivano certe volte alle sei del mattino e certe volte anche alle cinque per mandargli le loro maledizioni. Il sindaco si svegliava, si tappava le orecchie con le mani e si metteva un fazzoletto bagnato sulla fronte, ma il fischio continuava e la testa gli faceva male come se qualcuno la battesse con un martello.

Quando venne a sapere la ragione del suo male il sindaco riunì i bottegai e provò a minacciarli, ma non ci fu niente da fare. Provò a offrire dei soldi, ma questi gli risero in faccia. Volevano ritornare con le loro botteghe sulla piazza del paese.

Il sindaco credeva di diventare matto. Il fischio nelle orecchie non gli dava pace, arrivava improvviso a tutte le ore della notte e del giorno. Piuttosto che finire in manicomio costrinse il fratello a trovare un posto per tutti i bottegai nel palazzone costruito sulla piazza. Così dopo tante liti finte i due fratelli litigarono sul serio e si presero a pugni, a calci e a schiaffi con grande divertimento di tutta la gente del paese.

Dopo il ritorno dei bottegai sulla piazza il medico studiò il fischio dal punto di vista scientifico e quando ebbe capito come funzionava lo mise a disposizione di tutti i cittadini di tutte le città e di tutti i paesi che volevano difendersi dai sindaci che facevano delle mascalzonate. Vi apportò anche qualche perfezionamento. Per esempio spiegò che il fischio è ancora più efficace, cioè fa venire il mal di testa molto più forte, se si accompagna con qualche sassata alla testa del sindaco che si vuole punire.

Il canegatto

C'era un cane che si comportava in modo strano. Invece di correre dietro ai gatti rincorreva i topi. Un giorno provò a mangiarne uno e si leccò i baffi tanto gli era piaciuto. Continuò a dare la caccia ai topi e cercò di fare amicizia con i gatti. Ma i gatti si tenevano alla larga perché non si fidavano di lui e questo gli metteva addosso una grande malinconia.

«Quel cane ha le idee confuse», dicevano sia i gatti che i topi e poi scappavano lasciandolo solo.

Il cane continuava a mangiare i topi e cercava di fare amicizia con i gatti che però, quando si avvicinava, drizzavano il pelo, si mettevano a soffiare e cercavano di graffiarlo.

Un giorno il cane provò a fare le fusa ma non gli riuscì tanto bene. Un altro giorno provò a miagolare e gli riuscì così bene che gli venne il dubbio di essere un gatto invece di un cane. Ma allora perché gli piacevano anche gli ossi di pollo? Il cane si prendeva la testa fra le zampe e si domandava:

«Si può sapere chi sono io?»

Le cose da mangiare

Due galline che erano andate a visitare il giardino zoologico rimasero molto stupite di non trovare una gabbia con dentro i vermi.

«Che razza di giardino zoologico è questo?» si dissero scandalizzate.

Avevano visto le gabbie con dentro i leoni e i leopardi, le giraffe e gli ippopotami, avevano visto il reparto speciale dei serpenti e le voliere con le aquile e gli altri uccelli, ma dei vermi nemmeno l'ombra.

«Forse i vermi non fanno parte della categoria degli animali», si dissero le due galline, «ma allora a quale categoria appartengono?»

Ci pensarono molto e alla fine decisero che i vermi appartengono alla categoria delle cose da mangiare, come gli spaghetti.

Mentre uscivano dal cancello del giardino zoologico le due galline si guardarono in faccia preoccupate: si erano ricordate che nel giardino zoologico non c'erano nemmeno le galline.

Millepiedi e Millescarpe

Millepiedi era così disoccupato e così povero che cercava di convincere i figli a mangiare una sola volta al giorno.

«Guardate che mangiare troppo fa male alla salute, guardate che ci sono anche dei ricchi che mangiano solo una volta al giorno.»

Ma i figli si lamentavano e piangevano per la fame. Così Millepiedi e la moglie decisero di trasferirsi dal Sud al Nord con i figli e tutta la loro roba, cioè niente, in cerca di lavoro.

Per non sbagliare, la famiglia Millepiedi si era incamminata verso il Nord sulla grande Autostrada, i due genitori in testa, i tre piccoli dietro.

Dopo un bel po' di strada Millepiedi padre si era guardato intorno e aveva detto che secondo lui il Nord era già incominciato. Ai lati dell'Autostrada si vedevano infatti dei palazzoni alti alti e, tirando su con il naso, si sentiva odore di bruciato. Vide un tale con la faccia da padrone e gli domandò se per caso poteva dargli un lavoro. Ma questo gli rispose che lui aveva bisogno di braccianti, cioè di gente che lavora con le braccia e non con i piedi.

«A giudicare dalla risposta, se non siamo proprio al Nord ci manca poco», disse Millepiedi alla moglie.

Camminarono sull'Autostrada ancora per parecchi giorni. Una sera che erano tutti molto stanchi e non ce la facevano più a muovere i piedi, trovarono una automobile ferma con il muso voltato verso il Nord. Vi salirono sopra e aspettarono che si mettesse in moto.

Viaggiarono per una notte intera e la mattina dopo sbarcarono in una città molto grande dove si sentiva un fortissimo odore di bruciato e le case erano così alte che non si riusciva a vedere il tetto.

«Questa volta siamo veramente arrivati al Nord», disse Millepiedi tirando su con il naso.

Verso sera Millepiedi vide un altro tale con la faccia da padrone e gli domandò se poteva farlo lavorare.

«Ho bisogno di manovali», disse quello, «cioè di gente che lavora con le mani e non con i piedi.»

Millepiedi allora incominciò a sfogliare i giornali per orientarsi sul lavoro da cercare. I giornali parlavano di certi calciatori che venivano pagati centinaia di milioni per prendere a calci un pallone con i piedi. Millepiedi pensò che quello era un lavoro adatto per lui. Se quei tali che avevano solo due piedi venivano pagati centinaia di milioni, lui che di piedi ne aveva mille lo avrebbero pagato parecchi miliardoni.

«Ho trovato l'America!» disse Millepiedi.

Si presentò al comandante della squadra di calcio con due piedi in tasca e gli altri novecentonovantotto piedi bene in vista. Gli risero in faccia e lo mandarono via dicendo che aveva troppi piedi.

Dopo molto cercare, Millepiedi finalmente trovò lavoro presso un artigiano che dipingeva le mattonelle smaltate per i bagni e le cucine e poi le vendeva ai ricchi italiani e americani. Millepiedi doveva camminare su un tampone di vernice e poi sulle mattonelle bianche dove lasciava i segni dei suoi mille piedi come una bella decorazione. Su certe mattonelle doveva camminare in senso circolare, altre le doveva semplicemente attraversare in diagonale secondo le istruzioni del padrone. Invece di scrivere dietro le mattonelle «hand made» che vuol dire fatte a mano, questo fece scrivere «feet made» che vuol dire fatte con i piedi. Le vendite aumentarono del doppio e i guadagni aumentarono di quattro volte.

Millepiedi si era sistemato con tutta la famiglia in una casetta nella periferia della grande città e con i soldi che guadagnava riuscivano a mangiare tre volte al giorno quasi tutti i giorni della settimana. Avrebbe voluto mettere da parte anche un po' di soldi per mandare a scuola i tre piccoli Millepiedi, ma il padrone non voleva saperne di aumentargli la paga. Si era perfino messo a piangere dicendo che gli affari gli andavano male e che il mestiere di padrone era pieno di rischi e di preoccupazioni.

Una mattina Millepiedi si affacciò alla finestra e vide che durante la notte i tetti e le strade erano diventati tutti bianchi. Capì subito che si trattava della neve e andò a svegliare la moglie.

«È venuta giù la neve!»

La moglie si affacciò alla finestra. Non aveva mai visto la neve, ma ne aveva sentito parlare.

«Si sa che d'inverno al Nord piove la neve, non c'è niente di strano.»

La signora Millepiedi si stropicciò gli occhi, si mise addosso una vestaglia e scese sulla strada insieme al marito. Provarono a mettere i piedi nella neve e si accorsero che era molto fredda, quasi gelata. Allora si ricordarono che per camminare sulla neve ci volevano le scarpe.

Millepiedi si mise in tasca i soldi dell'ultima paga e andò in un negozio a comprare le scarpe per i figli che dovevano andare a scuola.

«Vorrei tremila scarpe», disse Millepiedi dopo aver fatto un rapido conto: tre figli, mille piedi ciascuno e quindi mille scarpe per tre, che fa appunto tremila.

Il padrone del negozio lo guardò in modo strano e poi disse che gli avrebbe venduto tutte le scarpe che voleva, purché pagasse.

Per pagare tremila scarpe per i tre figli, Millepiedi dovette farsi prestare i soldi dal padrone dove lavorava. I piccoli ebbero le loro scarpe per camminare sulla neve, ma per pagare il debito tutta la famiglia ricominciò a mangiare solo una volta al giorno come quando abitavano nel Sud e Millepiedi era povero e disoccupato.

La luna doppia

Ricò aveva gli occhi difettosi, vedeva tutto confuso, certe volte ci vedeva doppio, ogni tanto andava a sbattere contro il muro o si scontrava con un uomo o una donna. Il medico gli aveva detto che era miope, presbite e astigmatico, insomma aveva tutti i possibili difetti della vista. Era anche leggermente strabico.

«Faresti meglio a portare gli occhiali», gli dicevano gli amici.

Ricò non voleva saperne. Quando di notte guardava le stelle non vedeva dei puntini luminosi come tutti gli altri, ma delle lucette con intorno una aureola di piccoli raggi che sfarfalleggiavano.

«Molto più belle come le vedo io di come le vedete voi, le stelle», diceva Ricò a quelli che gli consigliavano gli occhiali.

Quando guardava le luci del paese di sera succedeva lo stesso: non erano semplici lampadine accese, ma luci con tanti raggi luminosi come quelli che i pittori dipingono intorno alla testa della Madonna o dei Santi. Le luci più grandi gli sembravano quadranti luminosi di orologi e Ricò diceva che poteva perfino leggervi l'ora. Se le ore che leggeva su quei finti quadranti non corrispondevano a quelle reali a lui non importava niente, leggeva le ore che gli faceva comodo e basta. Lo stesso quando comprava il giornale.

Ricò leggeva le notizie e siccome la vista gli confondeva le parole, lui poteva modificarle come gli piacevano di più e così non trovava mai le brutte notizie che trovavano gli altri e viveva molto più contento.

Un giorno che aveva battuto la testa contro un palo della luce, Ricò andò al mercato e si comprò un paio di occhiali. Se li mise qualche volta e rimase molto male. Le luci del paese erano lampadine accese e niente altro, le stelle non avevano più quell'aureola meravigliosa che vedeva senza occhiali e sopratutto le notizie dei giornali cominciarono a preoccuparlo.

Guardò la luna che prima vedeva doppia e la vide sola in mezzo al cielo. Una grande tristezza cominciò a opprimerlo e così decise di gettare gli occhiali in fondo a un lago. Una sera molto buia si avvicinò alla riva, ma mise male un piede e cadde dentro all'acqua. Non sapeva nuotare e si accorse che stava affogando, ma prima di andare a fondo guardò il cielo con gli occhi pieni d'acqua e vide per l'ultima volta due lune e tante stelle con l'aureola.

Tontolino e le nuvole

Quando compì dieci anni Tontolino lasciò la vecchia zia che aveva il difetto di occuparsi soltanto dei gatti e andò sulle montagne con un pastore per aiutarlo a pascolare il gregge. Le pecore erano molto gentili con lui e non scappavano mai, stavano lì tutte insieme a brucare le erbette, ogni tanto facevano bè, si lasciavano mungere quando avevano pronto il latte e la sera si lasciavano condurre all'ovile.

Mentre le pecore pascolavano, Tontolino passava il tempo a guardare il cielo perché aveva scoperto che il cielo è molto divertente. A Tontolino dispiaceva di non poter andare a scuola e fu così che imparò a leggere le nuvole come se il cielo fosse un grande libro illustrato. Vedeva nelle nuvole tante pecorelle, di quelle che fanno piovere a catinelle, ma vedeva anche molti altri animali veri e fantastici come cavalli draghi cammelli centauri oche chimere dromedari ippogrifi tartarughe sirene dinosauri e altri animali come cani lupi e coccodrilli.

Quando aveva fame Tontolino vedeva nelle nuvole prosciutti e salsicce, alberi carichi di mele e grandissime pagnotte di pane fresco e profumato. Certi giorni vedeva nelle nuvole anche caciotte di pecorino e formine di ricotta fresca. Vedeva le caciotte e la ricotta lassù nel cielo e sentiva il profumo sotto il naso. La cosa si spiegava con il fatto che il pastore per il quale lavorava faceva il formaggio e la ricotta lì all'aperto dopo aver acceso un bel fuoco sotto un pentolone di rame.

Ogni giorno Tontolino guardava le nuvole e ogni giorno vi leggeva cose diverse: carri falci vulcani barche aratri martelli pignatte e altre cose ancora. Un certo giorno Tontolino incominciò a vedere nelle nuvole un treno lungo lungo con la locomotiva in testa. Il treno correva verso il Nord, correva correva con la sua locomotiva che mandava fuori grandi sbuffi di fumo. Tontolino guardava il treno che correva nel cielo e qualche volta riusciva a distinguere anche le ruote e i finestrini e, affacciati ai finestrini, i passeggeri che sventolavano i fazzoletti per salutare quelli che stavano a terra.

Tontolino vide il treno per molti giorni di seguito: faceva tanto fumo e correva sempre verso il Nord. Se faceva attenzione poteva anche sentire il rumore delle ruote sulle rotaie. In quel periodo Tontolino era molto triste perché mangiava troppo poco e si sa che la fame fa venire la tristezza. Un giorno, invece di portare al pascolo le pecore, Tontolino prese la strada che portava alla pianura e quando fu nella pianura prese la strada che portava al paese e quando fu al paese prese la strada che portava alla stazione e quando fu alla stazione domandò quale era il treno che andava verso il Nord e quando seppe quale era il treno che andava verso il Nord comprò il biglietto e quando ebbe comprato il biglietto montò sul treno che aveva in testa una locomotiva che mandava fuori grandi sbuffi di fumo come quella che aveva visto nel cielo.

Mentre il treno si allontanava dalla stazione, Tontolino si affacciò al finestrino e sventolò il fazzoletto per salutare quelli che erano rimasti a terra anche se non li conosceva.

Nella città del Nord dove si fermò il treno Tontolino imparò a leggere e a scrivere e trovò un lavoro che gli permetteva di mangiare a sufficienza tutti i giorni.

In quella città c'era quasi sempre la nebbia, ma una domenica mattina che il cielo era più chiaro Tontolino vide delle nuvole tutte in fila come i vagoni di un treno e davanti ai vagoni c'era una nuvola a forma di locomotiva che mandava fuori grandi sbuffi di fumo. Il treno correva correva nel cielo, questa volta nella direzione del Sud. Tontolino pensò che, adesso che sapeva leggere e scrivere, forse poteva ritornare nel paese dove era nato.

Così decise e così fece. Al suo paese venne assunto dal Comune come scopino. Adesso doveva guardare dalla mattina alla sera le immondezze della terra invece delle nuvole del cielo.

Il cane a due zampe

Un cane si era scontrato con un tram sul Lungotevere e aveva perso le due zampe anteriori. Gli era venuto un gran complesso di inferiorità nei confronti degli altri cani perché doveva camminare in posizione eretta sulle zampe posteriori.

Quando si accorse che anche gli uomini camminano sulle zampe posteriori e non hanno nessun complesso nei confronti dei cani, si mise una cravatta e un paio di pantaloni per nascondere la coda, poi incominciò a frequentare gli uomini invece dei cani.

Gli uomini lo scambiarono per un uomo e lo trattarono malissimo, a calci come di solito fanno tra di loro. Il cane era felice e continuò a vivere in mezzo agli uomini e a prendere calci da tutti.

In tram

Ubaldone era un uomo molto distratto. Una mattina che era più distratto del solito prese il tram per andare in ufficio. Pioveva, nevicava, tirava vento e ogni tanto cadeva anche qualche granello di grandine. Che brutta stagione. Infatti era primavera e si sa che in primavera il tempo è un po' matto. Ubaldone guardò l'orologio da polso, ma si accorse subito che lo aveva dimenticato a casa. Domandò l'ora a un tale che stava seduto vicino a lui.

«Sono quasi le otto e mezzo», disse quello.

«Dio mio com'è tardi!» esclamò Ubaldone che doveva essere in ufficio proprio alle otto e mezzo.

Il tram correva veloce sulle rotaie. Per fortuna c'era alla guida un tranviere molto abile che si destreggiava in mezzo al traffico e riusciva anche a fare dei sorpassi. A un certo punto passò con una ruota su un marciapiede rischiando di mettere sotto una vecchietta, poi riprese a correre.

Ubaldone si rivolse ancora al suo vicino per sapere l'ora.

«Sono le otto e venti», disse questo.

Ubaldone pensò che era stata una bella fortuna capitare su un tram così veloce che riusciva a guadagnare tempo sull'orologio.

Il tram continuava a correre sotto il sole e sotto la pioggia. Ubaldone si asciugò il sudore dalla fronte, poi si rivolse ancora al suo vicino per sapere l'ora.

«Sono le otto e dieci», disse questo.

Ubaldone ringraziò con un sorriso. Poi guardò fuori dal finestrino e si accorse con sgomento che si trovava in una zona tutta diversa da quella del suo ufficio.

«Accidenti», esclamò Ubaldone, «ho preso il tram che va nella direzione contraria!»

Adesso capiva perché l'orologio del vicino andava anche lui all'incontrario. Si avvicinò alla portiera per scendere alla prima fermata e prendere il tram nell'altra direzione. Mancavano ancora venti minuti all'apertura dell'ufficio e avrebbe fatto giusto in tempo ad arrivare puntuale, alle otto e mezzo.

Topolicchio

Una famiglia di topi campagnoli si era trasferita da poco in una ricca casa di città. Il padre era sempre stato contrario a lasciare la campagna, ma da quando aveva assaggiato il formaggio parmigiano non aveva saputo resistere alla tentazione della vita cittadina. Per i suoi gusti il pecorino che trovava nelle case dei contadini era troppo forte troppo piccante e gli dava l'acidità di stomaco. Temeva che gli venisse l'ulcera come a suo nonno. Il parmigiano sì che è un formaggio da signori. Ma la vita nella casa dei ricchi di città aveva anche lei i suoi inconvenienti, sopratutto non c'erano buchi nei muri ed era difficile trovare un nascondiglio, perciò bisognava stare sempre all'erta per non cadere sotto le unghie dei gatti o sotto gli occhi della donna di servizio che quando vedeva un topo si metteva a strillare come una sirena.

Topolicchio, figlio unico e piuttosto viziato, era la dannazione dei genitori. Topo distratto lo mangia il gatto, gli ripeteva la topa madre tutte le mattine mentre gli lavava gli occhi e gli spolverava le orecchie. Fra tutte le distrazioni di Topolicchio quella che faceva andare in bestia i topi genitori era che spesso, quando si nascondeva sotto un mobile, dimenticava fuori la coda. Un giorno o l'altro tornerai a casa senza coda, gli dicevano.

Una mattina Topolicchio si era nascosto nella cucina sotto il frigorifero e come al solito aveva dimenticato fuori la coda, arricciata sul pavimento di mattonelle come una virgola. I padroni di casa se ne erano accorti e si erano messi a discutere se era meglio andare a chiamare il gatto, se dargli un colpo con lo spazzolone o se conveniva acchiapparla con le pinze e tirar fuori il topo. Discutevano a voce alta, ma Topolicchio era distratto come sempre e non si era reso conto che l'oggetto della discussione era proprio la sua coda. Quando se ne accorse la tirò dentro in fretta e rimase rannicchiato sotto il frigorifero per due o tre ore senza tirare il fiato, tremante di paura.

La sera quando ritornò a casa Topolicchio tremava ancora e finì per confessare alla madre il brutto rischio che aveva corso là sotto il frigorifero. La madre ricominciò da capo con le raccomandazioni, gli parlò sopratutto dei gatti e degli uomini e del pericolo che rappresentano per i topi sia gli uni che gli altri. Ma mentre gli uomini almeno sono utili perché fanno il formaggio, i gatti invece mangiano sia i topi che il formaggio. Gli uomini i topi non li mangiano, ma allevano i gatti perché li mangino loro.

Mentre la madre parlava, Topolicchio si era distratto ancora una volta e non aveva ben capito se sono i gatti o gli uomini che fanno il formaggio, se gli uomini mangiano i topi o il formaggio, se sono gli uomini che allevano i gatti o i gatti che allevano gli uomini. Così, con tutta quella confusione in testa Topolicchio finì per dimenticare proprio la raccomandazione più importante che riguardava la sua coda.

Una mattina Topolicchio camminava dietro un armadio in cerca di qualcosa da rosicchiare. Trovò un turacciolo che aveva un buon odore di olio d'oliva e lo rosicchiò tutto intorno in un batter d'occhio. Ma aveva ancora fame e decise di avventurarsi in cucina sotto un mobiletto dal quale veniva un buon odore di formaggio parmigiano. Fece una corsetta e si rannicchiò là sotto per studiare il modo migliore di raggiungere il formaggio. Stava tutto concentrato nei suoi pensieri strategici quando sentì alle sue spalle un colpo improvviso e un dolore acuto in fondo alla spina dorsale, proprio in fondo in fondo e cioè nella coda. Poi un trambusto di voci e di strilli. Tirò dentro la coda a fatica e se la prese fra le zampette: aveva sulla metà una grossa ammaccatura e già si stava gonfiando. Si fece un massaggio con lo sputo perché sua madre una volta gli aveva spiegato che lo sputo è meglio delle migliori pomate.

Quando ritornò a casa con la coda ammaccata la madre lo rimproverò ancora, poi gliela avvolse con una ragnatela che teneva sempre nell'armadietto del pronto soccorso. Mentre gli faceva la fasciatura gli raccontò di un loro lontano parente che aveva perso la coda in una trappola e che aveva dovuto mettersene una finta. Ma insieme alla coda aveva perso la fidanzata e non era riuscito più a trovare una moglie.

Topolicchio rimase in silenzio ad ascoltare la madre e la notte seguente fece un sogno orribile. Un gatto nero gli mangiava la coda, la fidanzata lo abbandonava, gli amici lo deridevano e lui andava a nascondersi nelle fogne per la vergogna.

Per una settimana Topolicchio continuò a fare impacchi di aceto sulla coda ammaccata. Quando fu guarito e ricominciò ad andare in giro a caccia di cibo, decise che d'ora in avanti sarebbe stato attento attentissimo a nascondere la coda, ma sapeva che dalla distrazione non si guarisce da un giorno all'altro. Si ricordò allora che i contadini quando temono di dimenticare qualcosa si fanno un nodo nel fazzoletto. Da quel giorno, ogni mattina dopo essersi lavato gli occhi e spolverato le orecchie, prima di partire per i suoi giri alla ricerca di cibo, Topolicchio si faceva un nodo in fondo alla coda per ricordarsi che quando si nascondeva lui doveva ricordarsi di nascondere anche lei.

Le ruote dell'Orsa Maggiore

Cesarone aveva sentito dire che gli astronomi antichi guardavano le stelle dal fondo di un pozzo. Un giorno volle provare anche lui ma rischiò di affogare e quando lo tirarono su era piuttosto morto che vivo.

Forse è successo perché io sono un astronomo moderno e non antico, aveva pensato Cesarone, ma poi gli avevano spiegato che il problema non era l'antichità ma l'acqua: doveva andarsi a mettere in fondo a un pozzo asciutto.

Siccome le stelle erano la sua passione ma non voleva affogare per loro, Cesarone andò in campagna e qui si costruì un pozzo tutto fuori della terra, cioè una torre circolare, vuota di dentro e senza il tetto.

In fondo a questo pozzo, cioè al livello della crosta terrestre, Cesarone aveva messo una poltrona e lì passava le sue notti a guardare le stelle. Ormai aveva imparato a memoria gran parte del firmamento e durante il giorno se lo ripassava su una mappa colorata che aveva comprato di seconda mano in una cartoleria.

Da quando passava le notti a guardare le stelle Cesarone era diventato un po' strano, non riconosceva gli amici che incontrava per la strada, scambiava i cani per gatti e qualche volta non riconosceva nemmeno le strade dove camminava e andava a sbattere contro i muri.

«Sulla terra mi confondo», diceva, «mi trovo meglio nel cielo.»

Di notte Cesarone faceva dei viaggi bellissimi nel cielo stellato, passava dall'Orsa Maggiore all'Orsa Minore, si dirigeva verso Cassiopea e faceva una fermata presso Cefeo, poi ritornava all'Orsa Maggiore facendo a mezza strada una visita alla costellazione della Giraffa. Dopo tutti questi vagabondaggi notturni, la mattina era molto stanco e si addormentava sulla poltrona e dormiva tutto il giorno dimenticandosi anche di mangiare.

Una sera Cesarone restò a guardare il cielo con gli occhi sbarrati per la meraviglia. Era successo qualcosa lassù all'Orsa Maggiore, qualcosa di molto strano. Cesarone chiuse gli occhi qualche minuto per riposare la vista e poi guardò di nuovo. I suoi occhi non si erano sbagliati: il carro dell'Orsa Maggiore aveva cinque ruote.

Devo riposarmi, pensò Cesarone, probabilmente sono molto stanco. Poi ritornò a guardare e il carro aveva sempre il timone al solito posto, ma le ruote erano cinque. La quinta ruota era spuntata là in fondo tra le due ruote posteriori, le stelle Alfa e Beta.

Per alcuni giorni, cioè per alcune notti, Cesarone rinunciò a guardare il cielo stellato e andò a passare qualche ora al caffè insieme agli amici che aveva trascurato da tanto tempo. Fu così che venne a sapere che il cielo era pieno di satelliti artificiali russi e americani che da lassù spiavano la terra e che si confondevano con le stelle.

«Questi satelliti spioni mi hanno rovinato il firmamento», esclamò Cesarone e fece mettere un tetto in cima al suo pozzo, cioè alla sua torre.

Da quel giorno passò le sue giornate al caffè a parlare male di tutto, della svalutazione della lira, del vino sofisticato, della speculazione edilizia, della corruzione, dell'inquinamento dell'atmosfera, e dalla atmosfera incominciò a salire su su, sempre più in alto fino a parlare male del cielo stellato che era inquinato anche lui come tutto il resto.

La bestia di Sempronio

L'asino di Sempronio era snello, lungo e slanciato e con il manto lucido come un cavallo. Sembra un cavallo, dicevano tutti, se non fosse stato per le orecchie che erano troppo lunghe. Il padrone pensò che la cosa era facile da risolvere. Andò da un vicino che aveva un cavallo e fece due modelli con la carta di giornale, uno per l'orecchia destra e uno per l'orecchia sinistra. Poi incollò le due orecchie di carta sulle orecchie vere dell'asino e gli ritagliò le orecchie con la forbice. La bestia si mise a fare dei gran salti per il dolore ma Sempronio gli spalmò del miele sulle ferite e la bestia si calmò. Quando fu guarita la portò a un mercante per venderla.

«Che strana bestia», disse questo, «ha le orecchie da cavallo, ma i cavalli non hanno i corni.»

Infatti Sempronio si era dimenticato che i cavalli non hanno i corni e che il suo asino era un bue con le orecchie piuttosto lunghe.

Portafogli e portamonete

Gennarone aveva un negozietto sulla piazza del paese. Vendeva portafogli e portamonete che fabbricava lui stesso. Di sera tagliava le pelli e le cuciva con lo spago e di giorno si metteva dietro il banco ad aspettare i clienti che non arrivavano mai. Eppure la pelle era di buona qualità, i modelli gli sembravano eleganti, le cuciture erano ben fatte. Non riusciva a capire perché nessuno veniva a comprare i suoi portafogli e portamonete. Forse perché la gente non ha i soldi da metterci dentro, si diceva. Il paese era povero e in più c'era la crisi economica e l'inflazione. Ma continuando il suo ragionamento Gennarone si diceva che con l'inflazione ci vogliono molti soldi per comprare molto poco. Questi molti soldi la gente dove li tiene? Forse devo trovare una idea pubblicitaria, si disse, e così ogni tanto Gennarone chiudeva gli occhi perché aveva sentito dire che le idee vengono soltanto al buio.

Finalmente un giorno l'idea arrivò e gli sembrò veramente fantastica: decise di mettere in vendita i portafogli pieni di banconote e i portamonete pieni di monete.

«Questo è il portafoglio adatto a un impiegato del Comune», diceva al cliente, «e questo è il portafoglio adatto a un dirigente industriale. Questo è il portamonete per una donna che va a fare la spesa al mercato e questo è il portamonete giusto per la moglie di un mercante di bestiame.»

Il cliente vedeva che il portafoglio era pieno di banconote e il portamonete pieno di monete e li comprava subito.

«È un affare», diceva Gennarone. E infatti era un affare comprare quei portafogli pieni di banconote e quei portamonete pieni di monete.

Adesso il negozietto di Gennarone era sempre pieno di clienti, venivano anche dai paesi vicini per comprare da lui. I suoi portafogli e i suoi portamonete andavano a ruba, non faceva nemmeno in tempo a fabbricarli e subito li vendeva.

Dopo un anno di vendite straordinarie Gennarone dovette chiudere il negozio per fallimento. Non riuscì mai a capire come tutto quel successo avesse provocato tutto quel disastro.

Le due signore

C'erano due signore amiche da tanti anni, che si odiavano. Abitavano nello stesso palazzo, andavano a passeggio nella stessa strada e alla stessa ora, quando si incontravano si facevano gran sorrisi e si dicevano delle gran gentilezze, forse erano anche un po' parenti ma, nonostante la loro amicizia, si odiavano. Avevano più o meno la stessa età e qualcuno diceva perfino che si assomigliavano. Se una delle due signore faceva una cosa, l'altra non voleva essere da meno e la faceva anche lei e cercava di farla un po' di più dell'amica, a causa dell'odio che le univa.

Un giorno la Prima Signora uscì a passeggio con un paio di tacchi molto alti. Ogni volta che incontrava l'amica la guardava dall'alto in basso. La cosa non passò inosservata e la Seconda Signora, offesa, interruppe la sua passeggiata e andò dal calzolaio a ordinare un paio di scarpe con i tacchi alti il doppio di quelli dell'amica.

Qualche giorno dopo, durante la passeggiata, la Prima Signora quasi si mise a piangere quando si accorse che l'amica la sopravanzava almeno di un palmo ed era lei adesso a guardarla dall'alto in basso. Naturalmente non poteva sopportare un simile affronto e andò di corsa dal suo calzolaio a ordinare un paio di scarpe con i tacchi alti il doppio di quelli già alti della Seconda Signora.

Alcuni giorni dopo, durante la solita passeggiata, la Prima Signora poté prendersi di nuovo la soddisfazione di guardare l'amica dall'alto in basso. Il fatto venne notato da tutti e fu argomento di molti pettegolezzi.

La Seconda Signora ritornò dal suo calzolaio con le lacrime agli occhi. Il calzolaio raddoppiò l'altezza dei tacchi ma dovette rinforzarli con una armatura di acciaio altrimenti si sarebbero spezzati.

Quando la Seconda Signora uscì a fare la solita passeggiata, tutti la guardavano con grande curiosità perché non si erano mai visti dei tacchi così alti. Ma quel giorno la Prima Signora era rimasta chiusa in casa. Uscì invece il giorno dopo con dei tacchi alti il doppio di quelli dell'amica. La quale per vendetta, ogni volta che la incontrava sulla passeggiata, faceva finta di sorridere.

La gara dei tacchi andò avanti per molti giorni e tutte le altre signore guardavano sbalordite le due amiche che ormai camminavano con le teste così in alto che potevano guardare dentro le finestre dei primi piani delle case. Quando uscivano a passeggio la gente si metteva a guardarle con il naso in aria come quando passano gli aeroplani. Le due signore, lassù in alto, si lanciavano dei gran sorrisi perché, nonostante che si odiassero, continuavano a essere amiche. Ma molti si accorsero che i sorrisi erano finti.

Un giorno, mentre le due signore passeggiavano sui loro tacchi altissimi, si levò improvviso un gran vento. Le due signore barcollarono, sfiorarono i fili del tram con il rischio di restare fulminate e alla fine caddero a terra dall'alto dei loro tacchi e si ruppero tutte e due l'osso del collo. Le portarono all'ospedale.

Quando uscirono con i colli ingessati, le due signore non portarono più i tacchi alti, ma restarono amiche come prima, cioè continuarono a odiarsi.

Amore e gelati

Artemio entrò in una gelateria e chiese un gelato di crema e nocciola. La gelataia, una donna alta bella e severa, gli mise in mano un cono di fragola e limone. Artemio guardò la donna con meraviglia, ma non ebbe il coraggio di protestare.

Il giorno dopo si presentò di nuovo nella gelateria e chiese un gelato di fragola e limone. La gelataia alta bella e severa gli porse un gelato di pistacchio e cioccolato. Artemio la guardò negli occhi senza dire niente e si allontanò con il gelato di pistacchio e cioccolato. Si chiedeva se la gelataia volesse indispettirlo, oppure se questo comportamento strano fosse una provocazione femminile. La gelataia aveva una bella faccia abbronzata, belli occhi e belle orecchie. Artemio se la vedeva davanti di giorno e di notte e pensò che forse forse si stava innamorando.

Per una settimana Artemio non entrò nella gelateria, passeggiava lì davanti per delle ore, ma dopo otto giorni non resistette più e decise che questa volta le avrebbe detto qualcosa, per esempio: «Lei mi è molto simpatica». Così, tanto per attaccare discorso. Entrò dunque nella gelateria e chiese un gelato di pistacchio e cioccolato. La bella gelataia gli mise in mano un cono di caffè e vaniglia. Artemio aprì la bocca per dire la frase che aveva preparato, ma dalla sua bocca uscirono delle parole diverse. Disse:

«Lei dovrebbe stare più attenta.» Poi uscì dalla gelateria e mangiò il gelato con un solo morso.

Il giorno dopo Artemio si preparò un'altra frase: «Mi scuso se ieri sono stato sgarbato.» Entrò nella gelateria e chiese un gelato di caffè e vaniglia. La bella gelataia questa volta gli diede un gelato di ananas e banana. Artemio diventò tutto rosso in viso e disse:

«Lei mi sta prendendo in giro.» Poi uscì e mangiò con un solo morso anche il gelato di ananas e banana.

Artemio era proprio innamorato della gelataia e adesso si picchiava i pugni sulla testa perché temeva di averla offesa. Decise che sarebbe ritornato nella gelateria per rimediare. Questa volta le avrebbe detto chiaro chiaro: «Io sono innamorato di lei».

Entrò dunque nella gelateria e chiese un gelato di ananas e banana. La gelataia gli diede un gelato di mandorla e lampone. Artemio aprì la bocca per dichiararle il suo amore, ma ancora una volta gli uscirono parole del tutto diverse:

«Lei non sa fare il suo mestiere.»

La gelataia non batté ciglio e passò a servire altri clienti. Artemio uscì dalla gelateria disperato. Da quel giorno smise di mangiare gelati e rinunciò a sposare la bella gelataia come in cuor suo aveva progettato.

Il cielo sporco

Gli aerei a reazione passavano veloci e lasciavano nel cielo azzurro lunghe righe bianche. Serafino si metteva a piangere ogni volta e si lamentava perché gli avevano sporcato il cielo.

«Se io faccio una riga sul muro tutti mi rimproverano, mentre quelli fanno le righe nel cielo e nessuno gli dice niente.»

Il padre gli spiegava che quelle righe erano fatte di aria e che dopo un po' scomparivano da sole.

«Ma anche le righe fatte con il gesso si possono cancellare.»

Il padre spiegava a Serafino che bisognava avere pazienza perché gli aerei sono un mezzo di trasporto, che gli uomini hanno bisogno di viaggiare e che quando scrivono delle lettere da paesi molto lontani usano la posta aerea, cioè le lettere che viaggiano in aeroplano.

Serafino non si dava per vinto. Diceva che queste righe le facevano sopratutto gli aerei militari, e quelli farebbero meglio a starsene tranquilli invece di andare in giro a consumare la benzina. Il padre non riusciva a trovare una risposta, sapeva che il figlio aveva ragione, ma per calmarlo diceva che forse ci vogliono anche quelli, in caso di guerra. E Serafino ribatteva che adesso non c'era nessuna guerra e che gli aerei militari sono i più sporcacchioni, fanno le righe più grosse e fanno anche più rumore.

Una domenica Serafino voleva andare a trovare la nonna che abitava in campagna, ma il padre disse che non si poteva perché la benzina costava troppo cara. Serafino si mise a piangere e a lamentarsi perché la benzina la consumavano tutta gli aeroplani. Andarono dalla nonna con il treno.

Serafino parlò a lungo con la nonna, parlarono di tempi lontani quando non erano stati ancora inventati gli aeroplani.

Durante il viaggio di ritorno Serafino disse al padre che tanto tempo fa lassù nel cielo volavano soltanto gli angeli. Poi disse che gli angeli erano molto più educati degli aerei a reazione perché non sporcavano il cielo, cioè non facevano le righe, non facevano rumore e non consumavano la benzina. Era sicuro di questo perché glielo aveva detto la nonna.

Il padre disse che era proprio vero, gli angeli non sporcavano il cielo, non facevano rumore e non consumavano la benzina però, aggiunse, facevano pipì in testa alla gente che andava a piedi e, quelli più maleducati, facevano anche le cacche.

Da quel giorno Serafino non parlò più degli angeli e nemmeno degli aeroplani.

La vendetta degli uccelletti

Quell'albero di ciliegio era l'unico albero di ciliegio in tutta la pianura. In maggio quando i frutti erano maturi arrivavano gli uccelletti da ogni parte e se li mangiavano tutti con grande festa. Pasquirone era furioso e diceva:

«Non riesco mai ad assaggiare una ciliegia per colpa di questi maledetti uccelletti.»

Un giorno prese la scure e tagliò l'albero.

La primavera seguente gli uccelletti arrivarono da ogni parte e non trovarono più il loro albero di ciliegio. Erano disperati.

«Ma guarda un po' questo odioso di Pasquirone», dicevano.

Si misero a volare intorno alla casa dove Pasquirone aveva radunato gli amici per una festa. Dopo avere mangiato e bevuto molto vino rosso gli invitati uscirono tutti sulla terrazza per prendere il caffè. Gli uccelletti piombarono su di loro a centinaia e incominciarono a beccarli sulle punte dei nasi, rosse per colpa del vino rosso, come gli altri anni avevano fatto con le ciliege. Gli invitati lasciarono lì i loro caffè e si rinchiusero in casa da dove uscirono soltanto la sera quando gli uccelletti erano andati a dormire.

Il proverbio cinese

Nicolone andò a sedersi sulla riva del Po per aspettare che passasse sulla corrente il cadavere del suo nemico, come insegna un famoso proverbio cinese. Il suo peggiore nemico andò a sedersi anche lui sulla riva dello stesso fiume sperando di veder passare il cadavere di Nicolone, senza sapere che Nicolone si era andato a mettere anche lui sulla riva ad aspettare, ma più in basso, più vicino al mare. Quando lo venne a sapere si spostò di nascosto verso il basso. Ma Nicolone se ne accorse e si spostò anche lui verso il mare, di notte e in punta di piedi perché l'altro non se ne accorgesse.

Nicolone e il suo nemico continuarono a spostarsi sempre più in basso per stare l'uno al di sotto dell'altro perché sapevano che i cadaveri non vanno controcorrente.

Piovve per un mese di seguito, una pioggia fitta fitta, e i due nemici si fecero prestare l'ombrello dai contadini che abitavano da quelle parti. Nicolone e il suo nemico continuavano a spiarsi a vicenda e a spostarsi sempre più verso il mare camminando sotto la pioggia, fradici dalla testa ai piedi. Tutti e due si odiavano talmente tanto che non volevano abbandonare la riva del fiume prima di aver visto passare sulla corrente il cadavere dell'altro.

Dopo la pioggia venne il sole, poi di nuovo pioggia e vento. I due nemici continuarono a spiarsi a vicenda e a spostarsi in continuazione perché ognuno voleva stare sempre più in basso dell'altro. Il Po è un fiume molto lungo e i due nemici percorsero profonde vallate, poi una zona di colline e infine una immensa pianura, camminando sempre verso il mare. Avevano capito che il proverbio cinese insegnava la pazienza e la perseveranza nell'odio e loro si odiavano con pazienza e perseveranza. E intanto continuavano a spiarsi e a spostarsi.

Dopo un mese di spostamenti si trovarono alla foce del fiume, in riva al mare. Stavano uno da una parte e uno dall'altra e non potevano più muoversi perché non sapevano nuotare. La zona era tutta canneti e il terreno fangoso. Stavano proprio per perdersi d'animo quando arrivò improvvisamente una piena che li travolse entrambi trascinandoli nei gorghi vorticosi insieme ai loro ombrelli. Naturalmente affogarono.

I cadaveri dei due nemici galleggiarono sull'acqua torbida e impetuosa e così nessuno dei due ebbe la soddisfazione di vedere realizzato il proverbio cinese.

La moglie di Nicolone e quella del suo nemico quando seppero come erano andate le cose dissero che i proverbi cinesi non valgono in Italia, valgono solo in Cina, per i cinesi.

Trentatré

Trentatré non ne poteva più di andare in giro tutto il giorno chiuso dentro la scomoda valigetta del medico condotto. Il medico arrivava nella casa del malato, faceva entrare Trentatré nei suoi polmoni e poi accostava l'orecchio alla schiena mentre Trentatré veniva sputato fuori. Trentatré doveva entrare in certe caverne piene di catarro, di polvere, di incrostazioni di tabacco. Un giorno aveva corso il rischio di morire avvelenato dallo zolfo nei polmoni di un poveraccio che lavorava in una solfatara. Gli sembrava di essere un minatore e se aveva resistito fino allora era proprio per bontà d'animo, perché sapeva che con il suo aiuto il medico riusciva a guarire molti malati. Adesso però si era stancato e aveva deciso di cambiare vita anche perché quell'odioso di Termometro lo prendeva in giro e Stetoscopio sosteneva che da quando c'era lui Trentatré non serviva più a niente.

Un bel giorno Trentatré abbandonò il medico e se ne andò in cerca di un altro lavoro. Si presentò a un capocomico per avere un posto da ballerino, ma gli dissero che aveva le gambe troppo storte. Si presentò a un teatro lirico per cantare, ma gli risero in faccia perché aveva la voce troppo rauca. Cercò lavori più modesti pur di non rimanere disoccupato. In una agenzia di viaggi non lo assunsero perché volevano soltanto impiegati con l'erre moscia che secondo loro erano più distinti. Trentatré andò al mercato per mettere su una bancarella di frutta e verdura, ma cadde nelle mani di due mafiosi e riuscì a cavarsela soltanto perché quello che voleva impiccarlo si mise a litigare con quello che voleva affogarlo.

Il medico condotto intanto si trovava molto male senza l'aiuto di Trentatré. Aveva provato a chiedere aiuto a Quarantaquattro, ma non era la stessa cosa. Provò con Cinquantacinque e Sessantasei, ma i malati invece di guarire peggioravano. Termometro e Stetoscopio adesso che erano soli facevano le bizze e gli confondevano le idee. Il povero medico mise un annuncio sul giornale per pregare Trentatré di ritornare da lui.

Trentatré si era ridotto proprio male. Si sarebbe adattato anche a fare lo spazzino, ma in Comune avevano i loro raccomandati e assumevano solo quelli. Per non morire di fame Trentatré andava in giro per le campagne a rubare qualcosa da masticare. Una notte un contadino lo sorprese mentre rubava una pannocchia di granturco e gli corse dietro con la roncola. Nella fuga, mentre saltava sopra una siepe, Trentatré perse l'accento e diventò Trentatre. Così quando lesse l'annuncio sul giornale e si presentò al medico condotto per ritornare a lavorare con lui si trovò di nuovo in difficoltà. Senza accento Trentatre non serviva a niente, era come Quarantaquattro e Cinquantacinque.

Termometro e Stetoscopio questa volta furono molto gentili con lui. Andarono insieme a Trentatre vicino a quella siepe dove aveva perso l'accento, passarono il terreno palmo a palmo e alla fine riuscirono a trovarlo. Era un po' arrugginito ma lo ripulirono per bene e lo lucidarono, così Trentatre tornò a essere Trentatré e riprese il suo lavoro insieme al medico condotto che per l'occasione si comprò una valigetta nuova e confortevole, imbottita con velluto e pelle di coniglio.

Il dirottatore

Il dirottatore gettò il mozzicone della sigaretta fuori dal finestrino del direttissimo in corsa. Prese la borsa che teneva vicino a sé sul sedile e si avviò verso la testa del treno. Arrivato alla porticina della elettromotrice bussò discretamente. Dopo qualche secondo la porticina si aprì e comparve un ragazzo con il berretto da ferroviere. Il dirottatore gli diede uno spintone ed entrò richiudendosi la porta alle spalle con un calcio, poi tirò fuori dalla borsa una grossa pistola a tamburo e la puntò contro il guidatore e il suo secondo.

«Sono un dirottatore!»
I due lo guardarono sbalorditi.
«A Viadana!» disse il dirottatore.
«Che cosa?» domandò il guidatore.
«Puntate su Viadana o sparo!»
«Ma stiamo viaggiando sulla direttissima Bologna-Milano.»
«Appunto. Invece di andare a Milano vi ordino di puntare su Viadana dove abita mia zia!»
«Ma non è possibile. Il treno va dove lo portano le rotaie.»
«Poche storie!» disse il dirottatore, «o puntate su Viadana o sparo!»
«Non si può», gemettero i due.

«Mani in alto!»

I due levarono le mani dagli apparecchi di guida e le alzarono sopra la testa. A questo punto il ragazzo con il berretto da ferroviere che aveva aperto la porta, balzò addosso al dirottatore e gli strappò di mano la grossa pistola. Gli altri due lo immobilizzarono e lo colpirono ripetutamente sulle orecchie. Poi lo legarono saldamente con una fune.

Fu così che il direttissimo della direttissima Bologna-Milano non deviò verso Viadana ma proseguì la sua corsa e raggiunse tranquillamente Milano.

I passeggeri non si accorsero di nulla. Il dirottatore venne consegnato alla polizia che lo rinchiuse in carcere. Dopo pochi giorni venne processato per direttissima.

Il nome della cometa

I genitori lo avevano battezzato Scarruffone perché era nato con i capelli lunghi e scarruffati. I capelli lunghi e scarruffati che gli scendevano sugli occhi gli avevano creato seri problemi quando in seguito aveva intrapreso la carriera di astronomo.

«Ma perché non vai dal parrucchiere?» gli dicevano gli amici che gli volevano bene.

Ma Scarruffone credeva che per fare l'astronomo i capelli lunghi fossero necessari più del telescopio.

Scarruffone Filippetti aveva passato quasi tutte le notti della sua vita a scrutare il cielo stellato e i suoi giorni a dormire. In tanti anni aveva visto il sole pochissime volte. Quando il cielo notturno era coperto di nuvole che gli impedivano di vedere le stelle, andava a dormire nel letto anche lui come tutti gli altri e il giorno dopo andava a spasso. Ma si sa che dopo una notte nuvolosa è probabile che sia nuvoloso anche il giorno che segue e così il sole non lo vedeva mai. Scarruffone era pallidissimo, i capelli lunghi gli scendevano sugli occhi nei momenti meno opportuni, spesso proprio mentre stava avvistando dal suo osservatorio una nuova stella o un nuovo pianeta.

Ma non erano le stelle e i pianeti che Scarruffone andava cercando nelle sue scorribande nel cielo notturno. Scarruffone Filippetti aveva cercato per tutta la vita una nuova cometa per poterle dare il suo nome. Doveva naturalmente essere una cometa del tutto sconosciuta perché quelle note avevano già un nome o un numero o una sigla, insomma erano già iscritte nel grande Libro del Cielo. Si sa che le comete vanno a spasso nel cielo senza una meta e possono comparire improvvisamente in mezzo alle altre stelle. Se avesse avuto la fortuna di vederne una lui per primo l'avrebbe battezzata con il suo nome e cognome, l'avrebbe chiamata la cometa Scarruffone Filippetti.

Nelle lunghe notti passate a scrutare il cielo ogni tanto Scarruffone faceva un sobbalzo. Più di una volta gli era parso di vedere dietro la lente del telescopio la sua cometa con la coda che formava nel cielo, in bei caratteri corsivi, il suo nome seguito dal cognome. Scarruffone sapeva benissimo che si trattava di immaginazioni dovute alla stanchezza degli occhi, sapeva anche che i capelli troppo lunghi qualche volta gli confondevano la vista e le idee, ma un giorno perse la pazienza e annunciò ai suoi amici che aveva avvistato una nuova cometa con la coda lunga come quella di una volpe. Quando gli chiesero di fargliela vedere, Scarruffone la cercò a lungo come si cerca un ago nel pagliaio.

«È nascosta là», disse, «tra l'Orsa Minore e la Chioma di Berenice.»

Gli amici guardarono il cielo e non riuscirono a trovare la cometa.

«Non è facile vederla», disse Scarruffone, «perché sta nascosta dietro la chioma, cioè dietro i capelli di Berenice.»

Gli amici fecero finta di credergli e si complimentarono con lui perché si erano accorti che, sotto i capelli lunghi e scarruffati, Scarruffone stava per mettersi a piangere.

Scarruffone Filippetti pagò da bere a tutti per festeggiare il battesimo della nuova cometa che d'ora in avanti, per i secoli futuri, avrebbe portato il suo nome e cognome.

A forza di cercarla con potentissimi telescopi anche altri astronomi riuscirono a trovare la nuova cometa, proprio tra l'Orsa Minore e la Chioma di Berenice.

Il buco nel tetto

Un povero vecchio era costretto a stare a letto nella sua baracca perché oltre che vecchio era anche malato. I vicini gli portavano ogni tanto qualcosa da mangiare e andavano a tenergli compagnia, però tutti avevano poco tempo e il vecchio rimaneva solo per molte ore della giornata. Dal letto guardava il soffitto della baracca, ma non era molto interessante. Ormai sapeva a memoria tutte le macchie di umidità, i buchi dei tarli nelle travi, le scrostature della calce.

Un giorno il vecchio si alzò in piedi e con molta fatica riuscì a fare un buco nel soffitto in modo da vedere dal letto un pezzetto di cielo. Con un po' di fortuna da quel buco durante il giorno poteva vedere un aeroplano o un uccello. Un giorno vide un dirigibile della pubblicità e ne fu felice. Ma sopratutto nelle notti di insonnia quel buco gli faceva comodo perché gli permetteva di vedere le stelle.

Un giorno una vicina che era venuta a fare due chiacchiere con il vecchio si accorse che il pezzetto di cielo che si vedeva attraverso il buco era sereno anche quando di fuori il cielo era coperto di nuvole e nero di tempesta. Non lo disse a nessuno per paura che si mettessero in mente che quel vecchio era un santo. Il vecchio si offese e per farle dispetto incominciò a fare dei miracoli.

Le forme dei rumori

Papirone faceva il pittore ma non sapeva mai che cosa dipingere. Diceva che avevano già dipinto tutto e così passava le sue giornate davanti alla tela con il pennello in mano senza dipingere niente. Un giorno ebbe l'idea di dipingere i rumori.

«Ogni rumore ha una forma», diceva Papirone e così incominciò a dipingere rombi cubi saette ellissi coni corni e sfumature.

«Certi rumori salgono verso l'alto come colonne», diceva, «altri si sviluppano a torciglione, altri si espandono come nuvole di fumo, alcuni sono neri, altri rossi, altri bianchi grigi azzurri blu marroni verdi verdastri nerastri grigiastri e via dicendo. Certi rumori sono morbidi e altri sono durissimi come l'acciaio.»

Papirone passò dalla pittura alla scultura perché si accorse che, anche se alcuni rumori erano piatti e sottili come la carta, la maggior parte si potevano rappresentare soltanto con delle figure solide, geometriche o no.

Ogni giorno Papirone andava in giro con le orecchie tese e quando sentiva un rumore prendeva appunti sul suo taccuino, ma qualche volta i rumori li faceva lui nel suo studio e poi scolpiva la forma corrispondente.

Un giorno Papirone si mise in testa che doveva prima fare la scultura e poi trovare il rumore corrispondente, perché un vero scultore non deve avere dei modelli ma deve inventare tutto da capo. Scolpì una sfera perfettamente rotonda in ogni sua parte. Ma non riuscì mai a trovare il rumore corrispondente e continuò a cercarlo per tutta la vita.

La ruota della preistoria

Gli uomini delle caverne erano stanchi di vivere nella Preistoria e così avevano deciso di promuovere il progresso e la civiltà. Il Capo del villaggio era molto indaffarato il giorno delle udienze. Doveva ricevere i cavernicoli che avevano assaggiato i funghi e non erano morti avvelenati, per decidere quali funghi erano buoni da mangiare. Altri avevano mangiato delle erbe per sapere se l'uomo è erbivoro, altri ancora avevano mangiato della carne per sapere se l'uomo è carnivoro. Poi vennero ricevuti i cavernicoli che avevano inventato nuovi attrezzi per pelare le patate, per grattugiare il formaggio, per cuocere i fagioli, per stirare le camicie. Per ognuno il Capo del villaggio aveva parole di lode o di incoraggiamento e a quelli che giudicava più meritevoli dava un premio.

In coda a tutti si presentò un cavernicolo per mostrare la sua invenzione: una cosa rotonda con un buco al centro.

«Che cos'è?» domandò il Capo.

«È una ruota.»

«A che cosa serve?»

«A fabbricare i carri con le ruote.»

Il Capo non sapeva che cosa decidere. Riunì una commissione di saggi i quali guardarono e toccarono la ruota, la fecero girare su un perno e poi si misero a ridere tutti insieme. Anche il Capo si mise a ridere.

«La ruota non serve a niente», sentenziò alla fine, e mandò via il cavernicolo che l'aveva inventata.

Fu così che per altri mille anni gli uomini delle caverne non usarono la ruota con grave danno per il progresso e la civiltà.

Il linguaggio dei pesci

Prosperone si era dedicato per anni allo studio del linguaggio degli uccelli e aveva scoperto molte cose interessanti. Per esempio che molti di essi cantano con inflessioni dialettali diverse da regione a regione. Un fringuello austriaco canta con inflessioni diverse da un fringuello prussiano e un merlo canadese si esprime in modo del tutto diverso da un merlo siciliano o napoletano. Con l'aiuto di apparecchi acustici speciali Prosperone riuscì perfino a distinguere il canto di una tortora romagnola da quello di una tortora emiliana.

I suoi studi sul linguaggio degli uccelli procedevano con profitto in tutte le direzioni. Un giorno portò due tacchini all'Università di Lingue e mise a confronto il chioccolare del tacchino europeo con quello del tacchino indiano portando un contributo decisivo alla soluzione di alcuni difficili problemi di pronuncia del sanscrito.

Si trovò nei guai invece il giorno in cui decise di occuparsi degli uccelli da cortile della Roma antica. Come cantavano i galli romani? In latino? La domanda non era gratuita, anzi poneva un problema del tutto nuovo perché in latino non esistono le parole tronche, cioè con l'accento sull'ultima lettera. Come facevano allora i galli dell'antica Roma a cantare il loro chicchirichì? Che senso ha quel canto se gli togliamo l'accento finale? Chicchirichi? No, non era possibile.

Prosperone fece ricerche per anni sperando che un giorno avrebbe trovato riprodotto in qualche testo latino il verso del gallo. Ma non trovò niente. Fu talmente amareggiato da questo insuccesso che non volle più occuparsi degli uccelli e dedicò tutti i suoi studi al linguaggio dei pesci.

Le righe della zebra

C'era una zebra che si vergognava moltissimo delle sue righe nere e avrebbe preferito essere un cavallo. La zebra stava dentro una gabbia dello zoo e, quando c'era il sole, alle righe della pelliccia si sovrapponevano le righe delle sbarre di ferro. Qualche volta appariva con le righe doppie, ma quando il sole era alto e lei si metteva di traverso, le righe delle sbarre formavano con le sue tanti piccoli quadrati. Se apparire con la pelle a righe la faceva vergognare, la pelle a quadretti la faceva addirittura andare in bestia. E allora si metteva a fare dei versacci che spaventavano le genti che giravano per lo zoo a curiosare. Un giorno che vide passare un cavallo con il suo manto lucente e biondo, la zebra si mise a piangere e pianse per un giorno e una notte.

La zebra si sentiva molto triste e così, mentre era sempre stata scontrosa e solitaria, incominciò a chiacchierare con i vicini. Scoprì che la giraffa si vergognava come una giraffa per via del collo troppo lungo, che l'ippopotamo non era per niente contento del suo muso quadrato, che la gru non avrebbe voluto avere delle gambe così stecchite perciò appena poteva ne nascondeva una sotto l'ala, che le foche non avrebbero voluto avere i baffi, che l'aquila invidiava la voce dell'usignolo, che il leopardo passava le giornate a leccarsi le macchie della pelliccia sperando di cancellarle, che i serpenti erano pieni di complessi perché non avevano le gambe, che l'elefante si vergognava di avere la coda al posto del naso. Insomma non c'era animale dello zoo che fosse contento di se stesso.

La zebra si prese la testa fra le zampe e si concentrò sulle sue righe nere. Dopo molto pensare decise che lei purtroppo non era un animale bianco con le righe nere, ma un animale nero con le righe bianche. Allora è molto meglio essere un animale a righe piuttosto che un animale nero, si disse, e da quel momento si mise l'animo in pace e portò le sue righe bianche con grande disinvoltura.

Le teste e le zampe

Toti era un cane molto educato e obbediente. Faceva la guardia alla casa, si comportava bene con i bambini, dava la zampa ai padroni, era amico del gatto, sapeva distinguere i ladri dagli operai che venivano nella fattoria per lavorare. Gli manca soltanto la parola, dicevano i padroni. Ma Toti aveva un difetto: era molto goloso di galline. Un giorno che giocava sull'aia con delle pollastrelle gli era successo per sbaglio di assaggiarne una e gli era piaciuta moltissimo. Da quel giorno ogni tanto a Toti gli scappava mangiata una gallina. I padroni lo rimproveravano molto e finalmente riuscirono a convincerlo che doveva lasciare in pace le inquiline del pollaio. Toti era un cane educato e obbediente e quando vedeva una gallina si voltava da un'altra parte facendo finta di niente.

Anche i padroni di Toti erano golosi di galline. Ogni tanto ne ammazzavano una e la mangiavano bollita o arrostita o al tegame o alla cacciatora. Le uniche parti che non mangiavano i padroni di Toti erano le teste e le zampe e così un giorno invece di buttarle nel secchio gliele diedero come cena. Toti ne fu felice e si leccò i baffi, poi incominciò a fare i suoi ragionamenti. Per alcuni giorni rimase lunghe ore sdraiato sul prato nel tentativo di risolvere i suoi dubbi su ciò che era lecito e su ciò che era proibito in fatto di galline. Alla fine decise che le galline non si dovevano mangiare, ma che si potevano mangiare sia le zampe che le teste.

Toti non perse tempo. Andò nel pollaio e mangiò le teste e le zampe a tutte le galline senza mangiare il resto perché era un cane educato e obbediente.

Vincitori e perditori

Porfirino aveva sentito dire dai genitori che lo zio Melchiorre si era rovinato al gioco. Anche Mosconi, commerciante di vini, si era rovinato al gioco e Bietoloni aveva dovuto vendere un podere per pagare i debiti di gioco. Ogni tanto sentiva dire di qualcuno che aveva perso tanti soldi alla roulette, a baccarà, a poker. Lo zio Annibale aveva perso un palazzo ai dadi e lo zio Amedeo aveva perso tutto giocando a mosca cieca.

Anche sui libri e sui giornali ogni tanto Porfirino leggeva di qualcuno che si era rovinato o addirittura che si era sparato un colpo di rivoltella o si era buttato nel fiume sempre a causa di perdite al gioco. In tutto questo c'era qualcosa che non quadrava, secondo lui.

Se c'è tanta gente che perde al gioco ci sarà altrettanta gente che vince, si diceva. Perché non si sente mai dire di qualcuno che è diventato ricco o che si è comprato un palazzo con i soldi vinti al gioco? Da tutti i discorsi che sentiva si sarebbe detto che i vincitori non esistevano proprio. Ma questo non era possibile. E allora dove stanno, dove si nascondono i vincitori? Perché tutti parlano solo dei perditori? Quando sarò grande voglio diventare un giocatore e voglio vincere al gioco, pensò Porfirino, ma si guardò bene dal confidare questo proposito ai suoi genitori.

Quando fu adulto Porfirino si fece insegnare il gioco del poker e incominciò a giocare con gli amici. I vecchi genitori vennero a saperlo e lo rimproverarono come facevano quando era piccolo.

«Ti rovinerai», dicevano, «perderai tutto quello che hai.»

Porfirino non aveva quasi niente e quindi correva pochi rischi e poi, disse ai genitori, se c'è tanta gente che perde dovrebbero essere disponibili molti posti di vincitori. Infatti Porfirino incominciò a vincere, giocava e vinceva, vinceva quasi sempre, prima piccole somme e poi somme sempre più consistenti.

Ai vecchi genitori Porfirino fece molti regali e ogni volta diceva:

«Questo regalo l'ho comprato con i soldi vinti a poker, questo con i soldi vinti a baccarà e questo con i soldi vinti alla roulette.»

I genitori accettavano i regali senza fare più commenti e vissero molti anni felici e contenti.

La maiala

Quando i ragazzi dicevano che era una tigre lei era contenta. Quando dicevano che era una vipera lo era un po' meno. Quando la chiamavano maiala si arrabbiava moltissimo e cominciava a distribuire una pioggia di tre e di quattro sul registro di classe. I più maligni dicevano che l'insulto peggiore era chiamarla con il suo vero nome: Bucicchio.

La professoressa Bucicchio insegnava italiano latino greco storia e geografia, ma più che per insegnare andava a scuola tutte le mattine per vendetta. Doveva vendicarsi del marito che ogni estate scappava con la segretaria, della figlia che a sedici anni se ne era andata a vivere fuori di casa perché non la poteva soffrire, ma sopratutto doveva vendicarsi di essere nata molto brutta e cattiva, con i labbroni e il naso a patata.

«Non è colpa mia se sono cattiva», diceva qualche volta parlando da sola davanti allo specchio.

Invece era proprio colpa sua, lo dicevano tutti, compresi gli altri professori. La compativano perché in fondo in fondo, molto in fondo, faceva pena. Ma i ragazzi più che altro la temevano e la chiamavano tigre vipera e maiala. A lei non dispiaceva di essere temuta perché credeva che un insegnante per essere veramente bravo doveva essere veramente cattivo.

In quanto a cattiveria lei era la migliore insegnante di tutta la scuola e forse di tutta Roma.

Prima delle vacanze di Natale e di Pasqua dava sempre una quantità di compiti a casa per paura che i ragazzi si divertissero. E alla fine dell'anno raccomandava ai suoi allievi di raccogliere in un quaderno quella che lei chiamava «la voce delle vacanze » e cioè un diario con tutto quello che di bello e di brutto avevano fatto durante l'estate. Si vede che l'espressione «la voce delle vacanze» le piaceva molto perché la ripeteva tutti gli anni a tutti i suoi allievi. Ma molti preferivano farsi bocciare piuttosto che doverla rivedere l'anno dopo.

Durante l'estate la poveretta rimaneva a Roma nella sua casa in periferia e si annoiava sia in luglio che in agosto. Ai primi di settembre andava una settimana al mare da sola per curare i reumatismi, la lombaggine e la malinconia, ma sopratutto per abbronzarsi un pochetto e poter dire che era stata al mare anche lei come tutte le altre signore. Insomma faceva una vita molto triste e molto squallida e non vedeva l'ora di ritornare a scuola per vendicarsi di tutti i suoi squallori e dolori.

Fra gli allievi della professoressa Bucicchio ce n'era uno molto alto, il più alto della classe e il più distratto, con gli occhi grandi grandi e la mano pesante pesante. Quando scriveva i compiti in classe bucava sempre i fogli con la penna e questo la faceva infuriare come una tigre, incattivire come una vipera. Lo chiamava alla cattedra e gli faceva le domande più difficili d'Italia, come una vera maiala.

Questo ragazzo la metteva ogni volta in imbarazzo. Era gentile, non l'aveva mai chiamata maiala e nemmeno vipera e nemmeno tigre. Forse per questo lo odiava più degli altri o forse perché si era accorta che durante le sue lezioni, noiose come la peste, la sua mente viaggiava lontana in luoghi fantastici che a lei sarebbero rimasti sempre sconosciuti. Più in là dell'aoristo o del piuccheperfetto la fantasia della Bucicchio non era mai arrivata.

Dopo le vacanze estive la professoressa Bucicchio ritornava a scuola con la sua mezza abbronzatura e la sua doppia cattiveria. Subito dopo l'appello chiamava alla cattedra qualche allievo perché le facesse il riassunto della «voce delle vacanze». I ragazzi raccontavano il mare, la campagna, i viaggi, i giochi, le letture, gli spettacoli, le simpatie, ma lei non era mai soddisfatta e incominciava subito dal primo giorno a distribuire sul registro dei tre e dei quattro in italiano.

Un giorno chiamò alla cattedra quel suo allievo alto alto. Il ragazzo si alzò dal banco portando con sé una grande conchiglia invece del quaderno con il diario. Disse che lì dentro c'era «la voce delle vacanze». L'aveva fatta ascoltare anche ai suoi compagni e alle sue compagne. Uno a uno avevano sentito il rumore del mare sulla spiaggia, quello delle onde che si infrangono sugli scogli, il sibilo del vento fra i pini marittimi e qualcuno aveva sentito perfino la voce dei gabbiani al tramonto.

La professoressa lo guardò con sorpresa e irritazione, per un momento si sentì quasi umiliata da questo ragazzo distratto e simpatico. Il ragazzo approfittò di questo momentaneo smarrimento per invitarla ad ascoltare anche lei la voce del mare e del vento e dei gabbiani dentro la conchiglia.

Presa così alla sprovvista la professoressa Bucicchio non sapeva che cosa fare, ma si vergognava di dire di no a una richiesta così innocente. Alla fine prese la conchiglia e la accostò all'orecchio. Qualcosa si sentiva veramente, dei rumori lontani, un ronzio strano. Rimase in ascolto. Le parve di sentire un colpetto di tosse, poi una voce gentile che somigliava a quella del suo allievo che stava in piedi lì davanti a lei e la guardava con i suoi grandi occhi smarriti. Finalmente la professoressa Bucicchio sentì dentro la conchiglia una voce chiarissima che diceva: «maiala!»

Indice

Storiette

- 7 La favola di Orestone
- 9 Due bestie molto strane
- 11 Il vecchio e il bastone
- 13 L'ipotenusa dell'elefante
- 15 Le lumache
- 17 Uno scherzo ai posteri
- 19 La coda dell'asino
- 20 Lo sputo del ragno
- 22 Il fringuello e l'usignolo
- 23 Come i corvi diventarono neri
- 24 Chi dorme non piglia pesci
- 26 L'uovo infrangibile
- 29 Il vermetto nero nero
- 30 Il gatto pigro
- 32 L'ombra a forma di cavallo
- 35 Il porco alla frontiera
- 37 Le penne dell'arcangelo

39	La mucca furba
40	Il ladro Esterone
42	La erre
43	La torre di cioccolata
46	Il ragno e lo scorpione
47	Quante rondini ci vogliono per fare primavera?
49	Il buco nel tetto
50	Cristoforo Colombo va in America
53	Il maiale di Sandrone
54	Bob nel quartiere africano
56	Le sardine in scatola
58	Il cane di Giuseppone
60	La fontina e la groviera
62	L'eredità di Giovannone
64	Il pelo del maiale
66	La formica e l'altro mondo
68	Guerra
70	Il futuro
72	La voce
75	Il cane Bobby
77	La lucertola e il gattino
79	La carota e la cipolla
80	I sogni del cameriere
82	La cimice

83   I tredici fratelli

85   Storia del mondo dalle origini ai nostri giorni

Storiette tascabili

89   L'ordine del mondo

92   Il passato remoto

94   Il Piccoletto

96   Le parole sporche

98   Il superporcomaggiore

101   Lo sternuto in curva

105   Cinque mosche

107   L'ombra di Fanfandrotti

110   La guida di Roma

111   La penna d'oca

113   Consumare il panorama

116   Il giorno e la notte

117   Lo zio all'inferno

119   Fischi e sassi

122   Il canegatto

123   Le cose da mangiare

124   Millepiedi e Millescarpe

128   La luna doppia

130   Tontolino e le nuvole

133 Il cane a due zampe
134 In tram
136 Topolicchio
140 Le ruote dell'Orsa Maggiore
143 La bestia di Sempronio
144 Portafogli e portamonete
146 Le due signore
149 Amore e gelati
151 Il cielo sporco
153 La vendetta degli uccelletti
154 Il proverbio cinese
156 Trentatré
159 Il dirottatore
161 Il nome della cometa
164 Il buco nel tetto
165 Le forme dei rumori
167 La ruota della preistoria
169 Il linguaggio dei pesci
171 Le righe della zebra
173 Le teste e le zampe
175 Vincitori e perditori
177 La maiala

Finito di stampare nell'ottobre 2016
presso Industria Grafica Bieffe – Recanati (MC)
per conto delle edizioni Quodlibet

Compagnia Extra

1 Federico Fellini, *Il viaggio di G. Mastorna*
A cura di Ermanno Cavazzoni. Prefazione di Vincenzo Mollica

2 Ugo Cornia, *Sulle tristezze e i ragionamenti*

3 Gianni Celati, *Un eroe moderno*
Costumi degli italiani 1

4 Gianni Celati, *Il benessere arriva in casa Pucci*
Costumi degli italiani 2

5 Paolo Nori, *Pubblici discorsi*

6 Aleksandr Puškin, *Eugenio Oneghin*
Traduzione di Ettore Lo Gatto

7 Georges Perec, *Un uomo che dorme*
Traduzione di Jean Talon. Con un testo di Gianni Celati

8 Franz Kafka, *Un artista del digiuno*
Traduzione di Gabriella de' Grandi.
Con un testo di Ermanno Cavazzoni

9 Paolo Albani, *Dizionario degli Istituti Anomali nel Mondo*

10 Svetislav Basara, *Mongolski bedeker*
Traduzione di Alice Parmeggiani

11 Ermanno Cavazzoni, *Il limbo delle fantasticazioni*

12 Velimir Chlebnikov, *47 poesie facili e una difficile*
    A cura di Paolo Nori

13 Daniele Benati, *Silenzio in Emilia*

14 Denis Diderot, *Il nipote di Rameau*
    Traduzione di Augusto Frassineti

15 Pablo d'Ors, *Avventure dello stampatore Zollinger*
    Traduzione di Marco Stracquadaini

16 Henri Michaux, *Viaggio in Gran Garabagna*
    Traduzione e cura di Gianni Celati e Jean Talon

17 Luigi Ghirri, *Lezioni di fotografia*
    A cura di Giulio Bizzarri e Paolo Barbaro.
    Con un testo di Gianni Celati

18 *Album fotografico di Giorgio Manganelli*
    Commento di Lietta Manganelli. A cura di Ermanno Cavazzoni

19 Ugo Cornia, *Operette ipotetiche*

20 Dino Baldi, *Morti favolose degli antichi*

21 Seumas O'Kelly, *La tomba del tessitore*
    Traduzione e cura di Daniele Benati

22 Knud Rasmussen, *Il grande viaggio in slitta*
    Traduzione e cura di Bruno Berni

23 Georges Perec, *La bottega oscura. 124 sogni*
    Traduzione e note di Ferdinando Amigoni

24 Gianni Celati, *Conversazioni del vento volatore*

25 Barbara Fiore, *Tuareg*

26 *Novelle stralunate dopo Boccaccio*
    A cura di Elisabetta Menetti

27 Gianni Celati, *Comiche*
A cura di Nunzia Palmieri

28 Senofonte, *La spedizione verso l'interno (Anabasi)*
Con i racconti paralleli di Diodoro Siculo e Plutarco
Introduzione, traduzione e note di Giuseppe Dino Baldi

29 Paolo Albani, *I mattoidi italiani*

30 Giovanni Previdi, *Due fettine di salame, poesie*

31 Ugo Cornia, *Scritti di impegno incivile*

32 Saltykov-Ščedrin, *Fatti d'altri tempi nel distretto di Pošechon'je*
Traduzione di Gigliola Venturi

33 Paolo Morelli, *Racconto del fiume Sangro*

34 Alfredo Gianolio, *Vite sbobinate e altre vite*
Con un radiodiscorso di Cesare Zavattini

35 Delio Tessa, *La bella Milano*
A cura di Paolo Mauri

36 Mauro Orletti, *Piccola storia delle eresie*

37 Gianni Celati, *Selve d'amore*

38 Tom Kromer, *Un pasto caldo e un buco per la notte*
Traduzione e cura di Mario Maffi

39 Luigi Malerba, *Le galline pensierose*

40 Ermanno Cavazzoni, *La valle dei ladri*

41 Venedikt Erofeev, *Mosca-Petuškì. Poema ferroviario*
Traduzione e cura di Paolo Nori

42 Saltykov-Ščedrin, *I signori Golovlëv*
Traduzione di Ettore Lo Gatto

43 Luigi Malerba, *Consigli inutili*

44 Giorgio Manganelli, *Antologia privata*

45 Maurizio Salabelle, *La famiglia che perse tempo*

46 Pablo d'Ors, *L'amico del deserto*
Traduzione di Marino Magliani

47 Maria Sebregondi, *Etimologiario*

48 Gianni Celati, *La banda dei sospiri*

49 Graziano Graziani, *Atlante delle micronazioni*

50 Dino Baldi, *Vite efferate di papi*

51 Luigi Malerba, *Il pataffio*

52 Ermanno Cavazzoni, *Gli eremiti del deserto*

53 Gianni Celati, *Studi d'affezione per amici e altri*

54 Antonio Castronuovo, *Ossa, cervelli, mummie e capelli*

55 Paolo Albani, *Umorismo involontario*

56 *Almanacco 2016. Esplorazioni sulla via Emilia*
A cura di Ermanno Cavazzoni

57 Fëdor Dostoevskij, *Il villaggio di Stepànčikovo e i suoi abitanti*
Traduzione di Alfredo Polledro

58 Jean Talon, *Incontri coi selvaggi*

59 Luigi Malerba, *Storiette e Storiette tascabili*

60 Gianni Celati, *Quattro novelle sulle apparenze*